MODERNES LANDHAUS

MODERNES
LANDHAUS

S. 4–5

Ein Projekt von

Costermans.

INHALT

11 | Vorwort

14 | TEIL I: LÄNDLICHE INSPIRATIONEN

- 16 Ein Landhaus im perfekten Einklang mit der Natur
- 36 Tribut an die lokale Bautradition
- 50 Renovierung eines Bauernhauses in der Polderlandschaft
- 68 Rustikal und elegant
- 80 Kuhstall mit Ambiente
- 96 Klassische Villa in pastoraler Landschaft
- 108 Bauernhaus wird Landsitz: Eine Metamorphose
- 120 Ländlicher Luxus

| 134 | TEIL II: | COUNTRY-AMBIENTE |

| 136 | Ethnische Einflüsse im Dialog mit moderner Kunst
| 144 | Klassik und Moderne in perfektem Gleichgewicht
| 160 | Französisches Landhaus – schlicht, aber raffiniert
| 176 | Materialien mit Geschichte
| 182 | Eingebettet in die Landschaft

| 200 | Adressen

| 204 | Impressum/Bildnachweis

If you can keep your head when all about you
Are losing theirs and blaming it on you;
If you can trust yourself when all men doubt you,
But make allowance for their doubting too;
If you can wait and not be tired by waiting,
Or being lied about, don't deal in lies,
Or being hated, don't give way to hating,
And yet don't look too good, nor talk too wise;

VORWORT

Immer mehr Menschen entscheiden sich für ein Leben auf dem Land, um dem hektischen Stadtleben zu entfliehen. Verfallene Bauernkaten werden instand gesetzt, alte Gutshäuser in ehemaliger Pracht restauriert, und Neubauprojekte werden feinfühlig in die Landschaft integriert.
Immer geht es darum, Harmonie mit der vorgefundenen Umgebung zu schaffen.

Dieses Buch stellt Projekte vor, in denen die verschiedensten Aspekte des Wohnens auf dem Land beleuchtet werden, von der Restaurierung eines Hauses und der Auswahl authentischer Materialien bis zur Inneneinrichtung und Gartengestaltung.

Wim Pauwels
Herausgeber

Ein Projekt von Benedikte Lecot.

S. 12–13
Ein Projekt von Costermans.

TEIL I

LÄNDLICHE INSPIRATIONEN

EIN LANDHAUS IM PERFEKTEN EINKLANG MIT DER NATUR

Seit 1970 hat die belgische Architekturfirma Vlassak-Verhulst Bau und Umbau von über achthundert außergewöhnlichen Wohnhäusern höchster Qualität betreut. In den letzten Jahren hat das Unternehmen expandiert und gehört nun zu den Marktführern im Bereich exklusiver Wohnimmobilien – ein idealer Partner, für den Qualität, Professionalität und Kundenzufriedenheit oberste Priorität besitzen.

Bei diesem Projekt ist es Vlassak-Verhulst gelungen, einen Bau von zeitlos-klassischem Stil und sympathisch-bescheidenem Charakter perfekt in die Landschaft der Niederlande einzubetten.

Das stimmungsvolle Landhaus mitten im Grünen unweit von Antwerpen ist ein gutes Beispiel für das Feingefühl der Architekten.

Das Dach ist mit alten, bläulichen Boom-Dachziegeln und Reet gedeckt.
Die Fassade besteht aus recycelten Paepesteen-Ziegeln, die im Kreuzverbund gemauert wurden.

S. 18–19

Haus und Garten sind perfekt aufeinander abgestimmt.

Die Eingangstür auf der Vorderseite ist ein eindrucksvoller Blickfang. Sie besteht aus altem Eichenholz, das in den Sprossen und Rahmen der darüber liegenden Fensterfläche fortgeführt wird.

Eine niedrige Hecke entlang der Fassade verdeckt fast völlig den Bitumenanstrich der unteren Wand.

S. 20–21

Die Rückseite des Gebäudes wird durch verschiedene Fenster aufgelockert. Links sieht man das Eckfenster der Küche mit seinem Holzrahmen, daneben ein großes Fenster mit Rahmen und Kreuzsprossen aus Metall. Als „Fensterladen" für den Wohnbereich dient eine große Schiebetür aus Holz.

Große Natursteinplatten in unregelmäßigen Blaugrau-Schattierungen geben der Eingangsdiele Charakter. Die klare Atmosphäre wird durch die Treppe aus altem Eichenholz mit dem gemauerten, verputzten Geländer verstärkt.

In dem hellen Büro mit dem herrlichen Ausblick auf den Garten lässt es sich gut arbeiten. Die nach Maß gebaute, gestrichene Schrankwand bietet reichlich praktischen Stauraum.

S. 24
Für den Wohnbereich wurde ein Bodenbelag aus breiten Eichendielen gewählt.

S. 26–27
Paepesteen-Ziegel rahmen den offenen Kamin ein. Das große Fenster sorgt zu jeder Jahreszeit für eine enge Verbindung zwischen Innen- und Außenraum.

Durch das große Fenster über dem traditionellen Spülstein, der in die Arbeitsplatte aus Eiche integriert wurde, fällt helles Tageslicht in die Küche.

Die Wand hinter dem Herd ist mit handgefertigten, marokkanischen Fliesen verkleidet.

In der schlichten, zweckmäßigen Küche sorgt eine große Insel ganz aus Eichenholz für reichlich Arbeitsfläche und verbreitet warme Behaglichkeit.

S. 30–31

Eine Tür aus Eichenholz und Metallrahmen, in die auf traditionelle Weise die Scheiben mit Kitt eingesetzt wurden, trennen den Essplatz in der Küche vom angrenzenden Wohnbereich. Der Esstisch lädt zum Verweilen ein.

S. 32–33

Für die halbhohe Holztäfelung im Badezimmer wurde ein sanfter Grauton gewählt, der mit der Äderung im Carrara-Marmor von Fußboden, Wannen- und Waschbeckeneinfassung korrespondiert.

Bad, Ankleidebereich und Schlafzimmer gehen fließend ineinander über.

Gestrichene Einbauschränke und Bodendielen aus Eiche im Ankleidezimmer und Schlafzimmer.

Sichtbalken aus altem Eichenholz im Schlafzimmer.

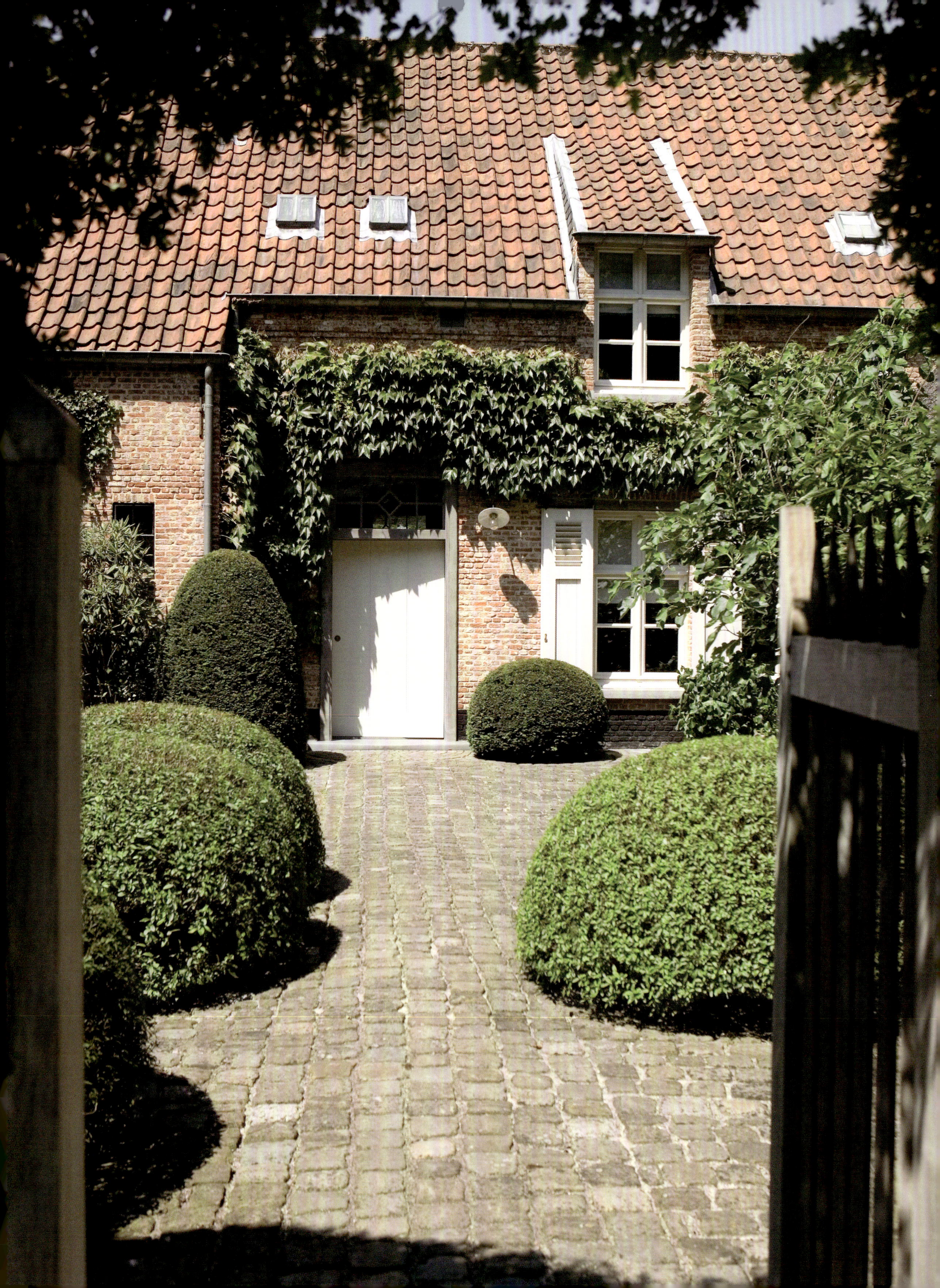

TRIBUT AN DIE LOKALE BAUTRADITION

Wie beim vorigen Projekt (S. 16–35) stellt das Unternehmen Vlassak-Verhulst auch bei diesem Wohnhaus seine Sympathie für die ländliche Architektur unter Beweis. Authentische Baumaterialien, mit überkommenen Methoden verarbeitet, zollen der örtlichen Bautradition Tribut.

Ein besonderes Merkmal dieses Projekts ist die Harmonie von Haus und Gartenanlage. Das Gebäude ist außergewöhnlich organisch in seine natürliche Umgebung eingebettet.

Für das Landhaus in Kempen wurden alte Paepesteen-Ziegel und Boom-Dachpfannen verarbeitet.
Weiße Fensterläden geben den Fenstern eine freundliche Ausstrahlung.

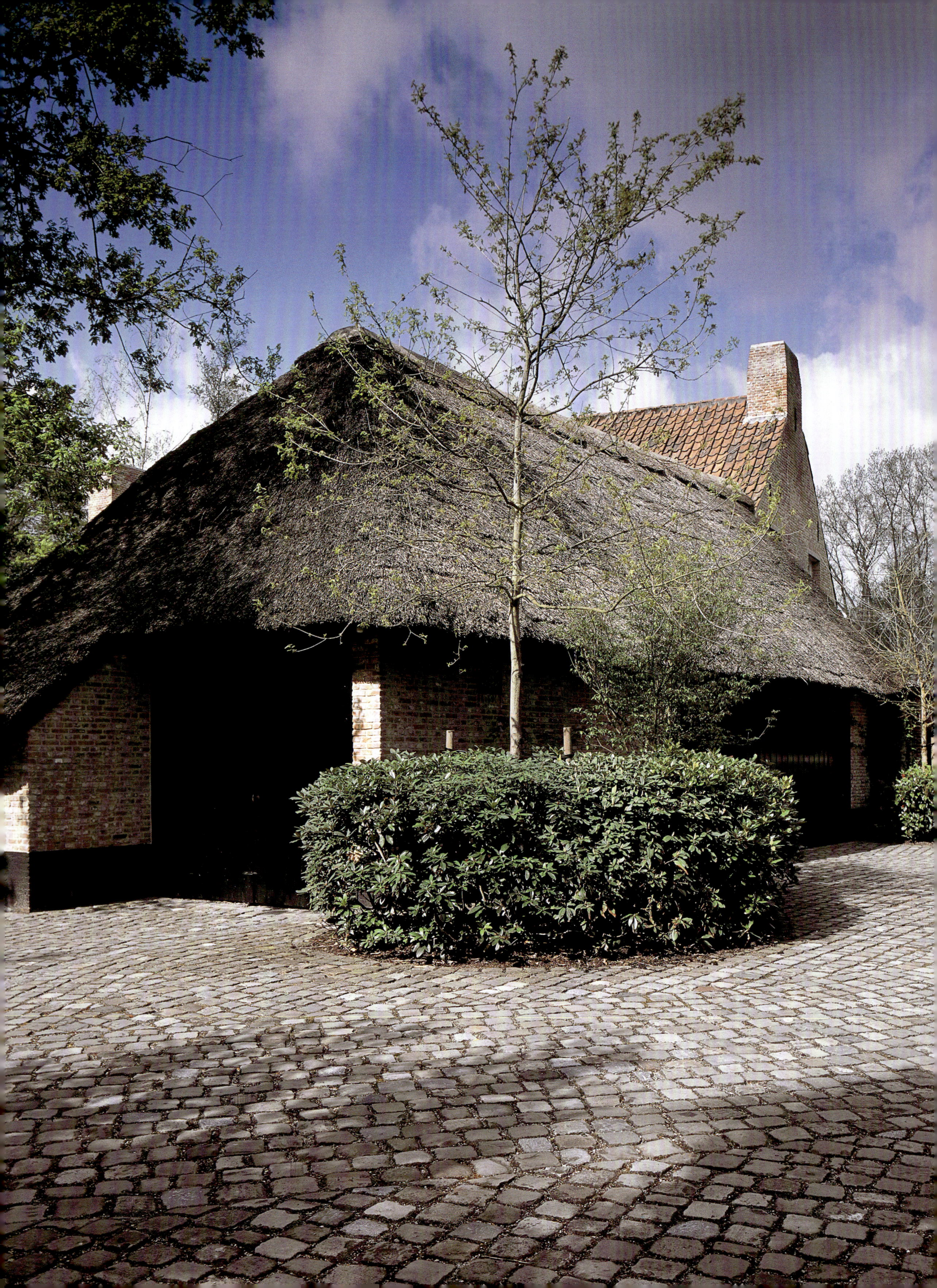

Links

Die Terrasse ist mit alten, niederländischen Klinkern gepflastert. Das angrenzende Gewächshaus hat durch die schmalen Metallrahmen und die mit Kitt eingesetzten Glasscheiben einen authentischen Charakter.

S. 38

Alte, graue Pflastersteine im Hof vor dem Anwesen.

S. 40–41

Die großen, gestrichenen Holztüren orientieren sich am Stil historischer Scheunentore. Hinter ihnen befinden sich aber keine Stallungen und Vorratskammern, sondern luxuriöse Wohnräume und geschützte Terrassen.

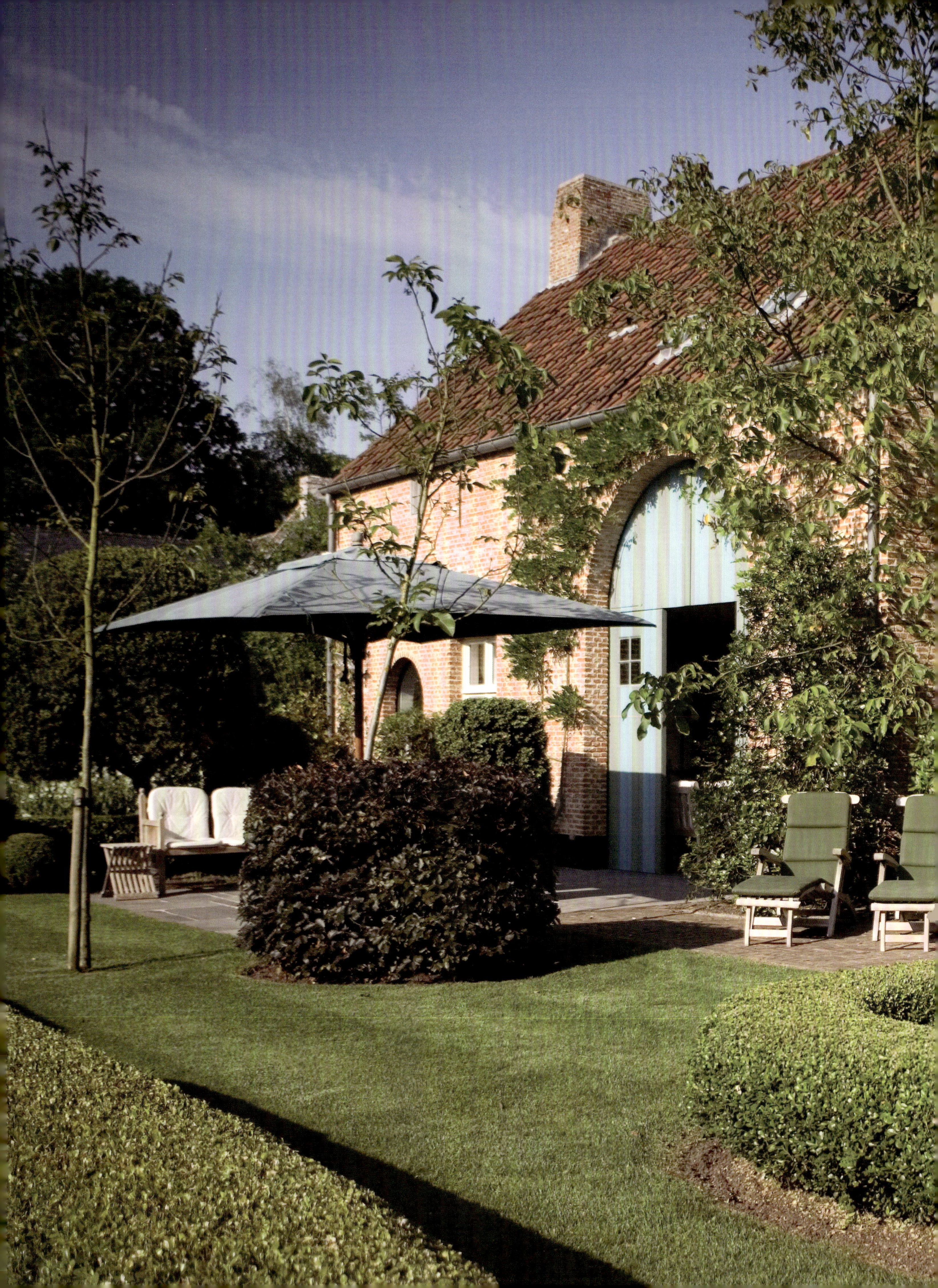

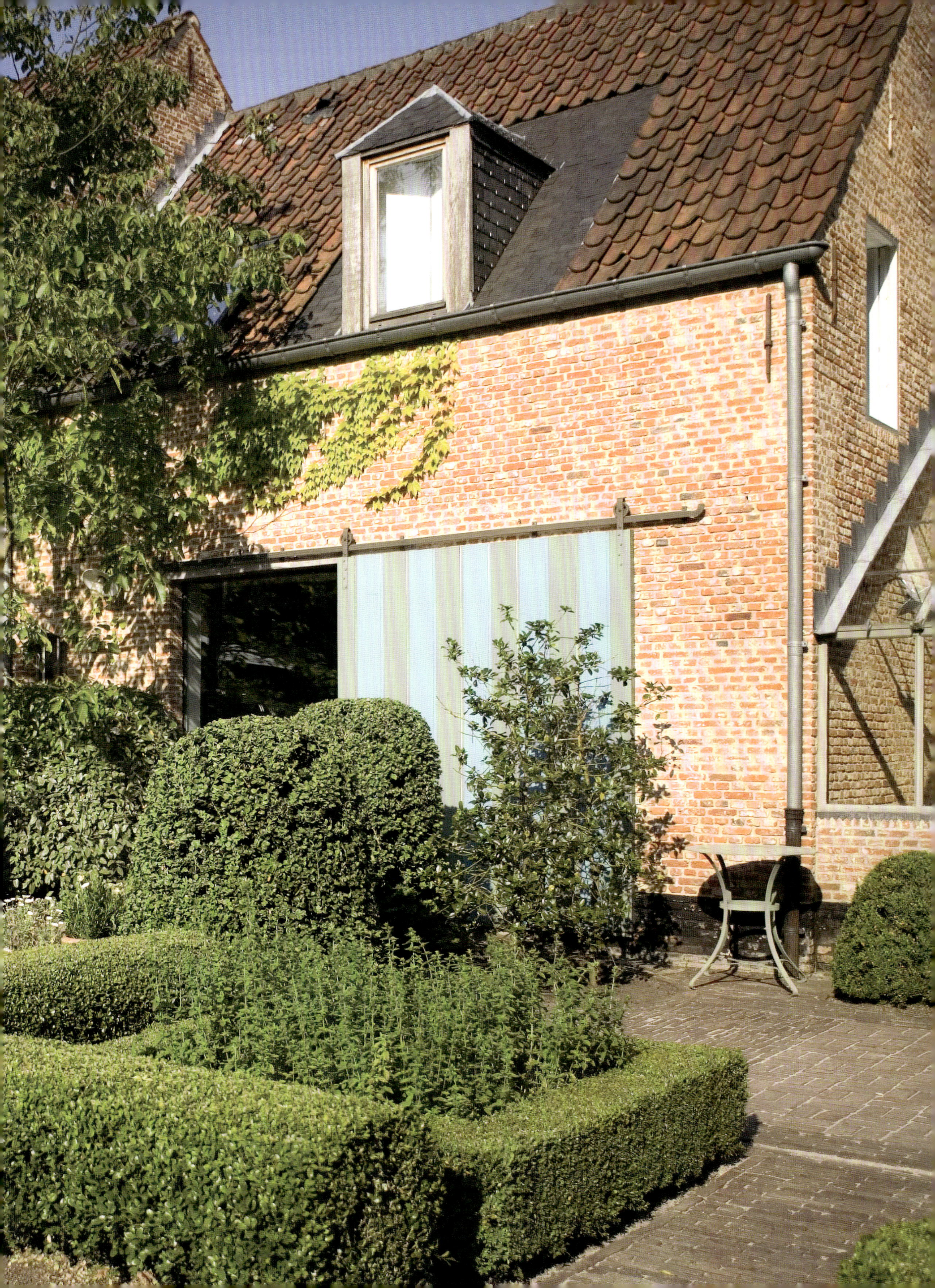

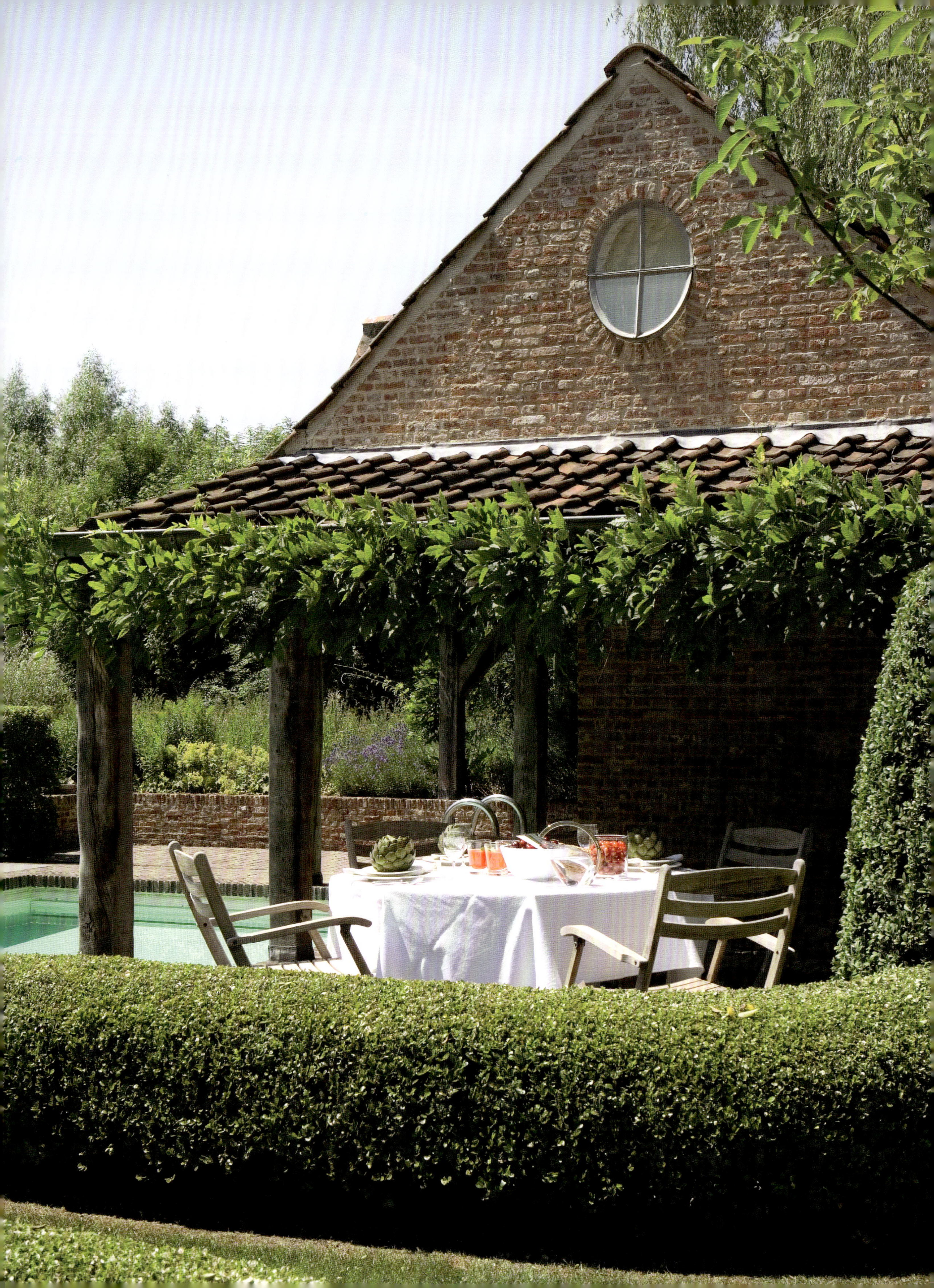

Das Poolhaus wurde im typischen Baustil der Region mit einer Terrassenüberdachung auf soliden Eichenpfosten ausgestattet.

S. 44–45
Auch die unregelmäßig aussehende Reeteindeckung des Daches entspricht der örtlichen Tradition.

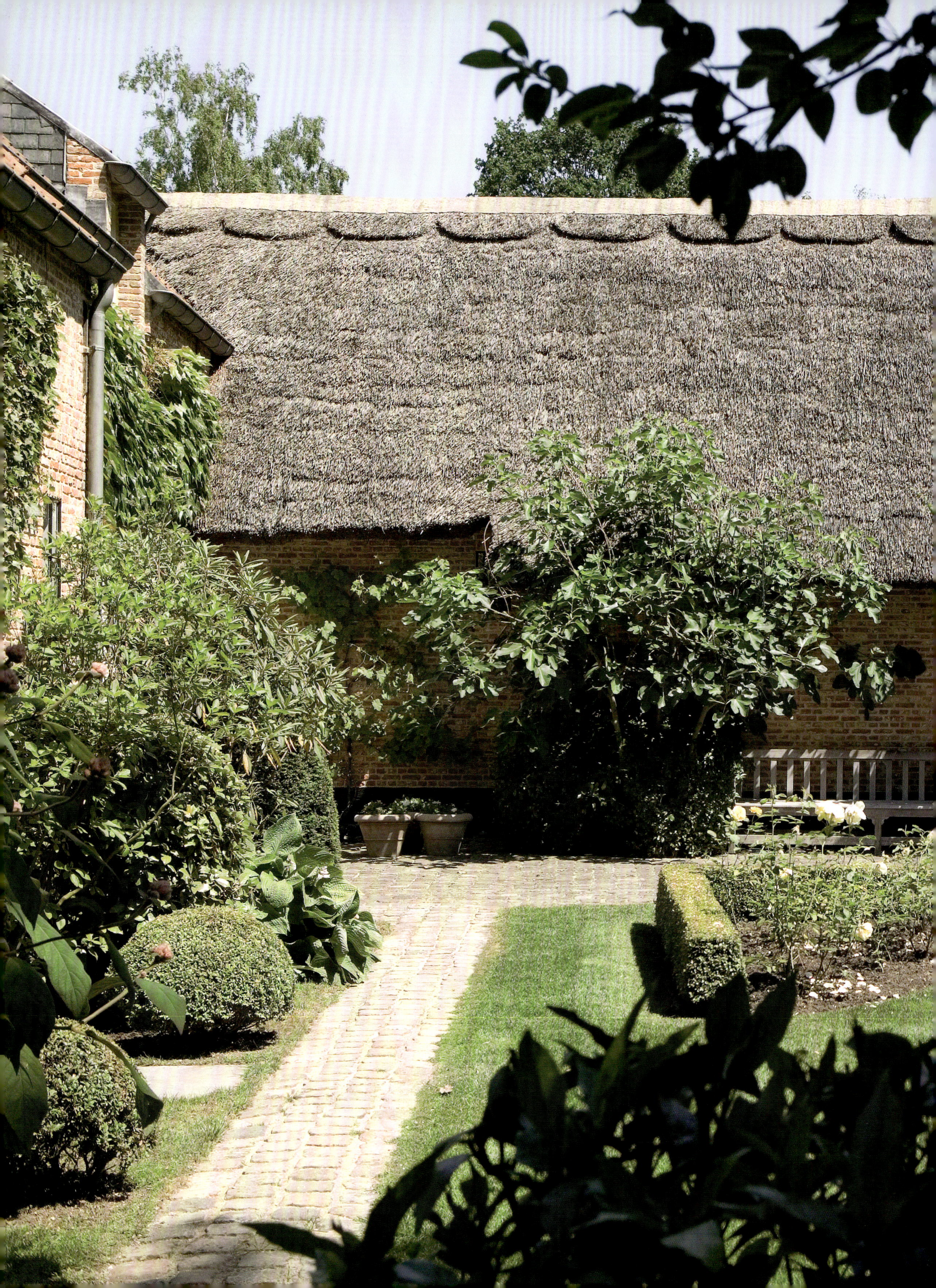

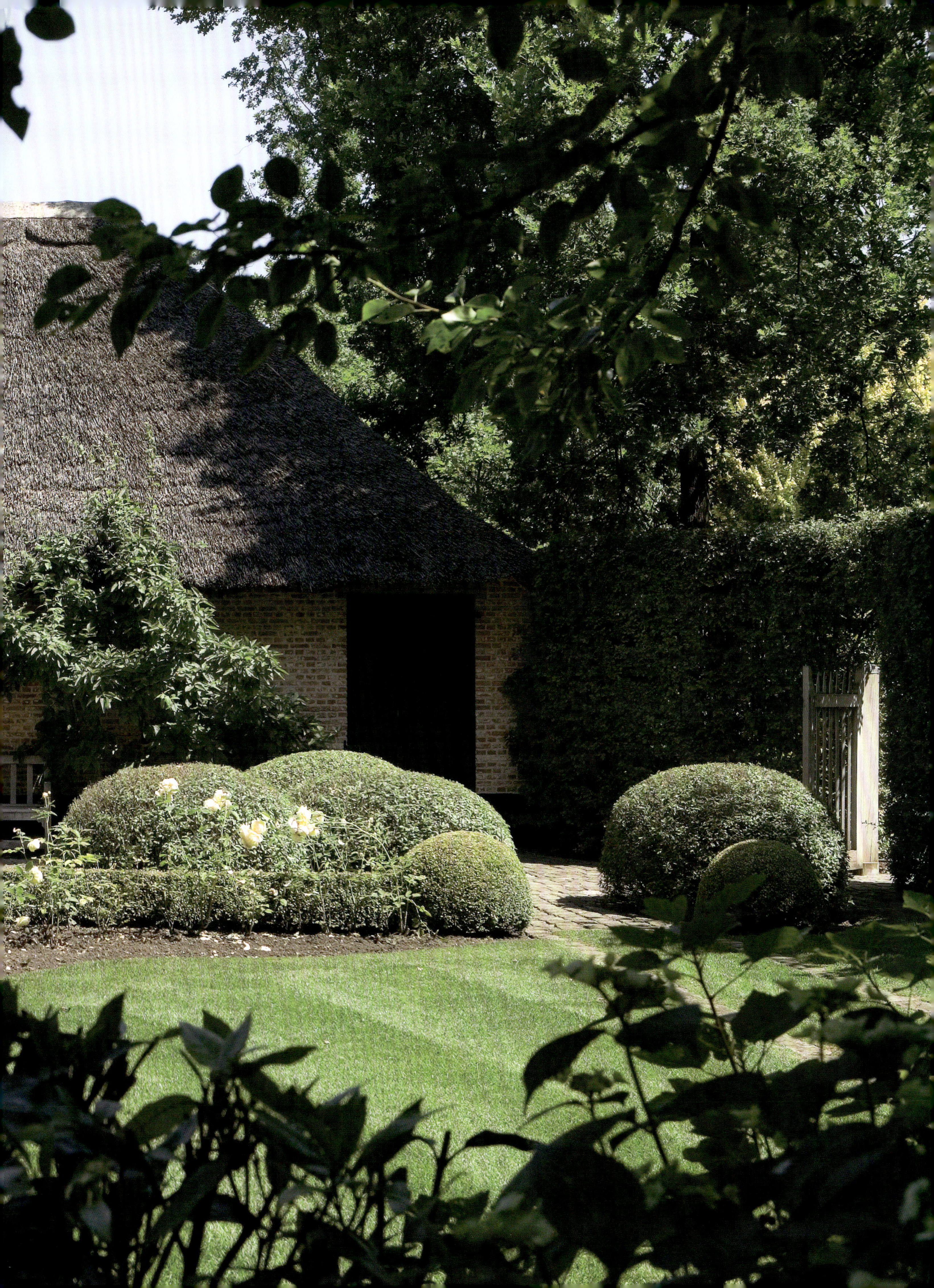

Weiche Grautöne strahlen Ruhe und Gemütlichkeit aus. Die Positionen der Fenster sind gut durchdacht und sorgen dafür, dass der Wohnbereich viele Stunden Tageslicht bekommt.

Weißfliesen, „hollandse witjes" genannt, wurden im Läuferverband verlegt. Als Arbeitsfläche dienen große Platten aus blaugrauem Naturstein mit einer profilierten Zierkante. Das Inselelement wurde nach Maß aus altem Eichenholz gebaut.

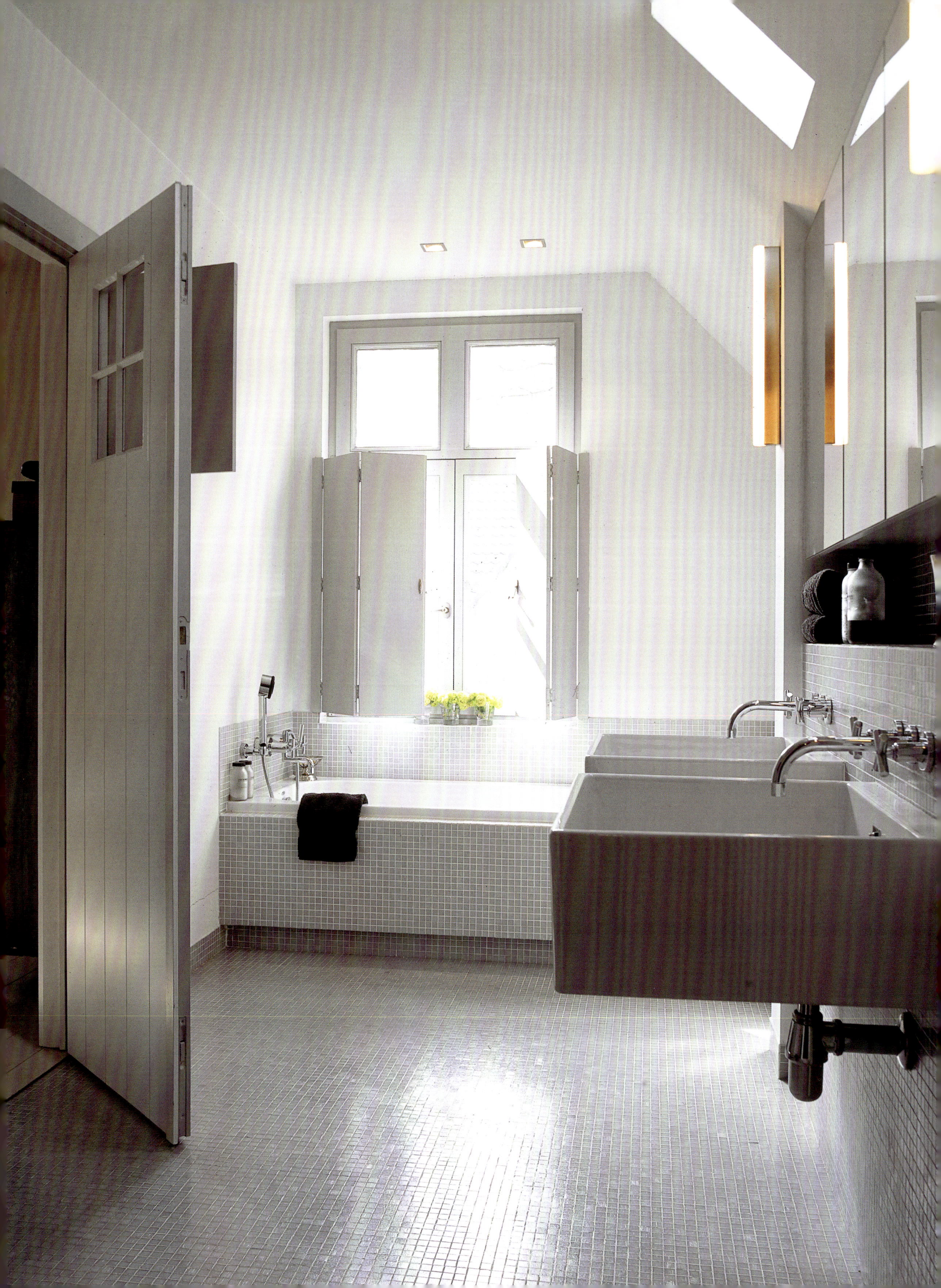

Innenfensterläden aus weiß gestrichenem Holz im Schlafzimmer.
Der Heizkörper wurde passgenau unter der hölzernen Fensterbank integriert.

S. 48

Das Bad wurde mit kleinem Glasmosaik gefliest. Die weißen Porzellanwaschbecken überzeugen durch ihre klaren, geometrischen Linien. Durch das kleine Fenster fällt genügend Tageslicht ein, selbst wenn die Innenfensterläden im unteren Bereich geschlossen sind, um für Sichtschutz zu sorgen.

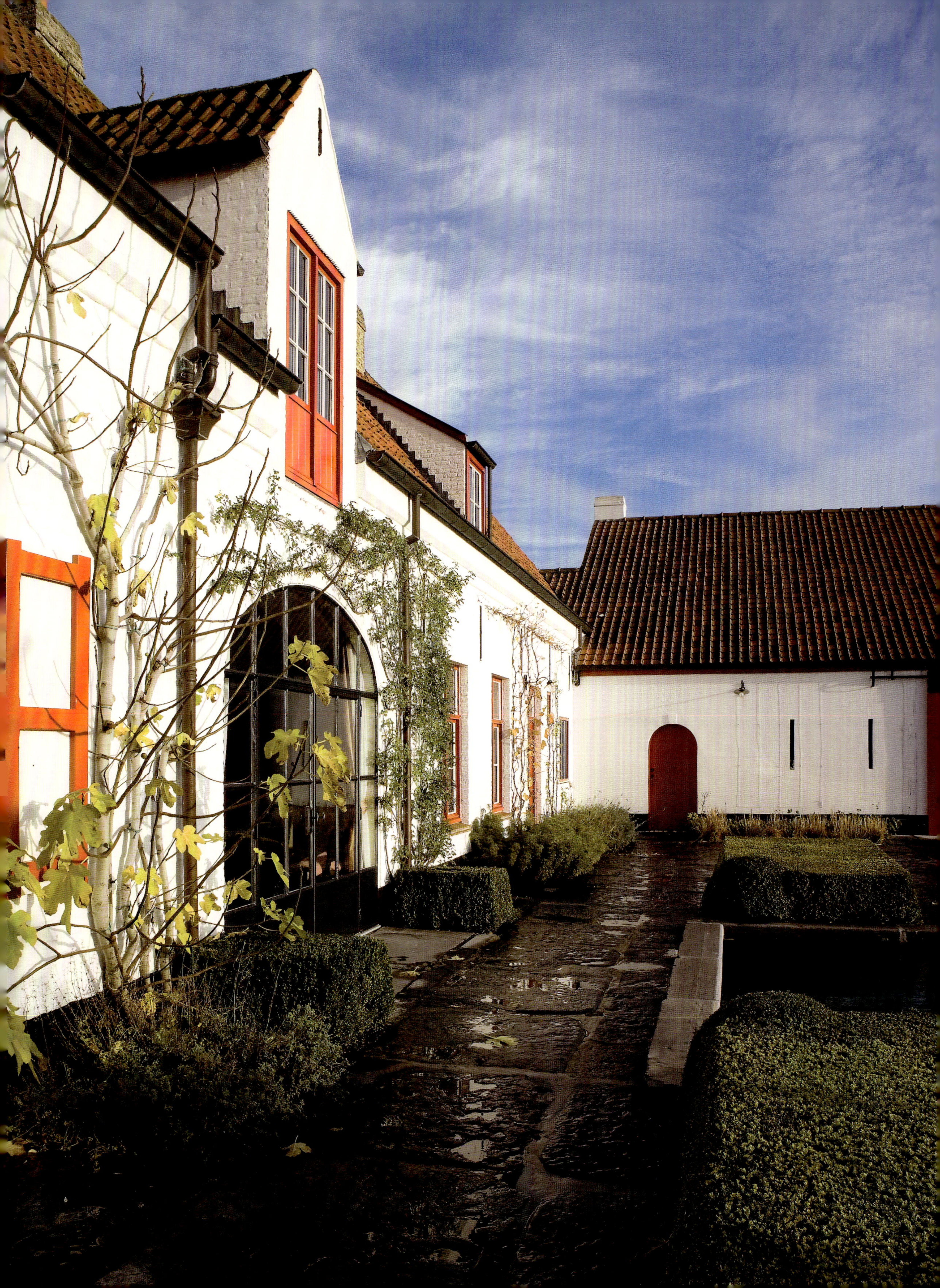

RENOVIERUNG EINES BAUERNHAUSES IN DER POLDERLANDSCHAFT

Das historische Bauernhaus sollte den Eindruck erwecken, als sei es gerade frisch renoviert worden. Tatsächlich waren aber umfassende Restaurierungsarbeiten notwendig. Um den authentischen Charakter des Baus zu wahren, wurden weitgehend typische Materialien der Region verwendet. Auch der Respekt vor der örtlichen Bautradition war ein wichtiges Kriterium.

Es ist den Eigentümern und ihrem Innenarchitekten in beispielhafter Weise gelungen, ihr Ziel zu verwirklichen.

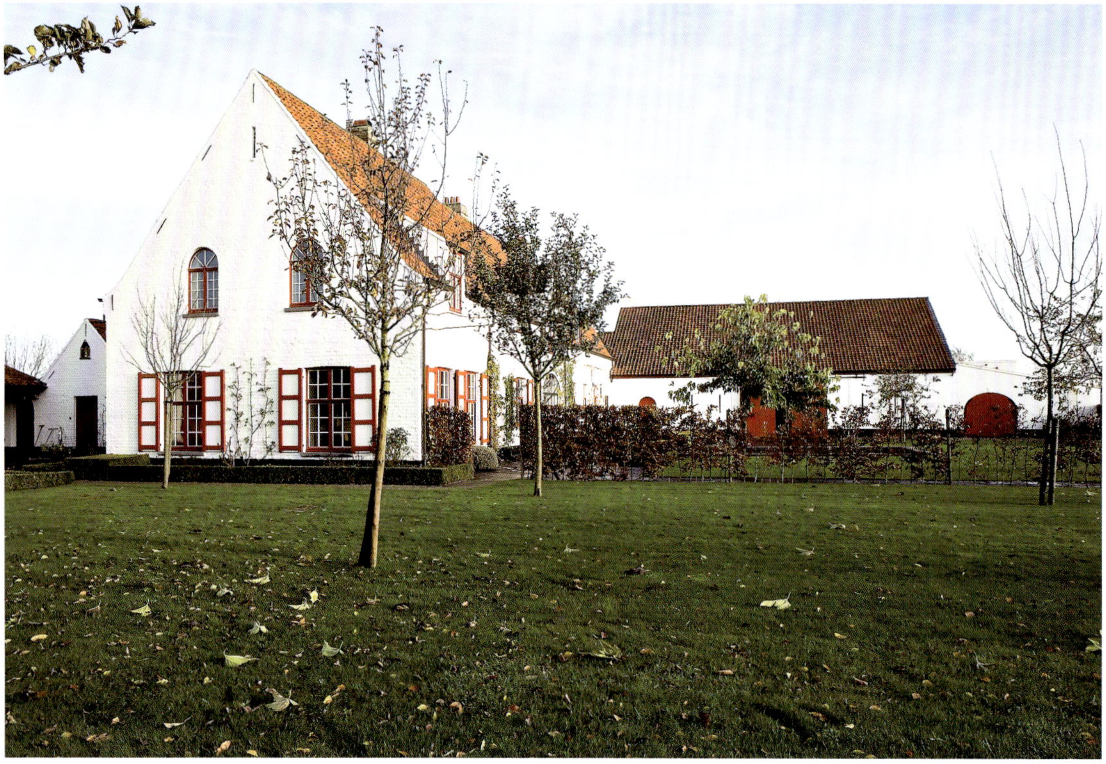

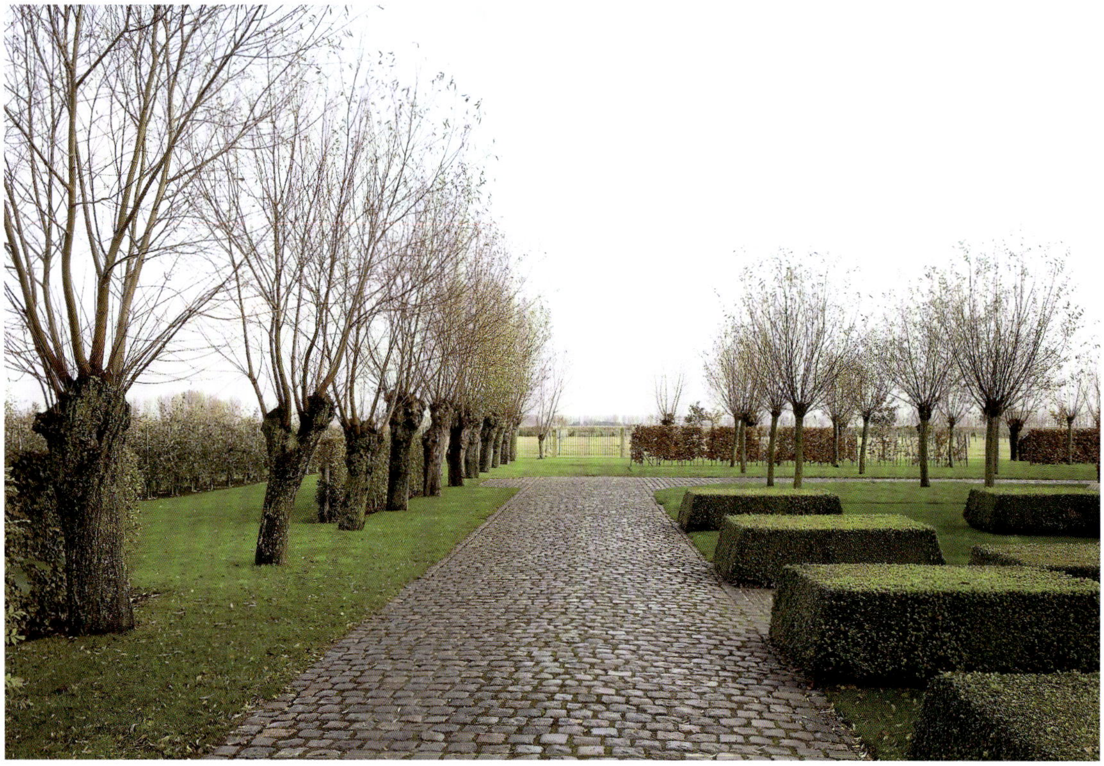

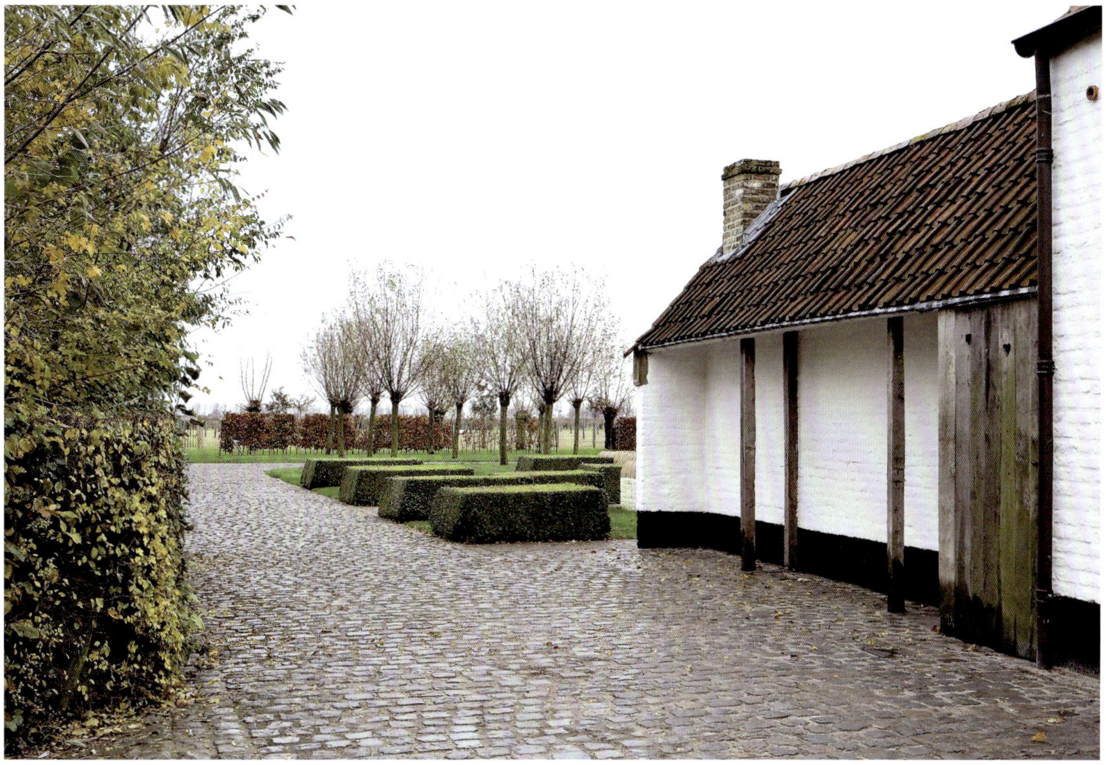

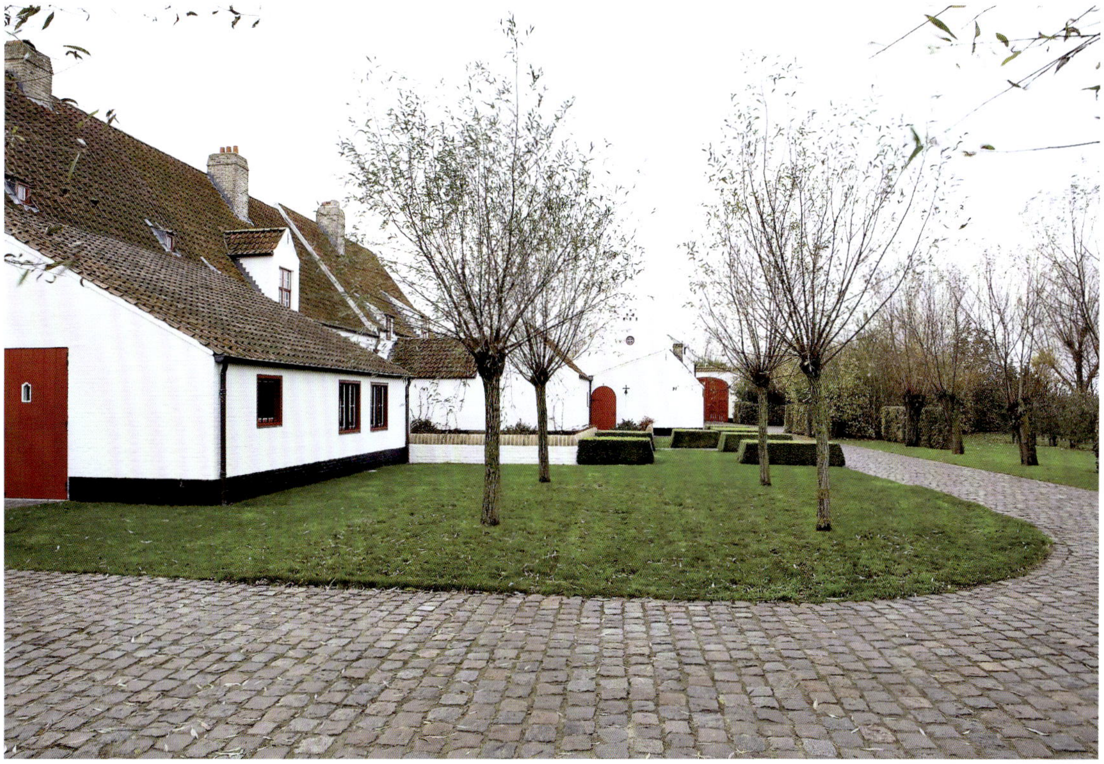

If you can keep your head when all about you
　Are losing theirs and blaming it on you;
If you can trust yourself when all men doubt you,
　But make allowance for their doubting too;
If you can wait and not be tired by waiting,
　Or being lied about, don't deal in lies,
Or being hated, don't give way to hating,
　And yet don't look too good, nor talk too wise;

Schon beim Betreten des Hauses wird deutlich, wie gründlich die Sanierungsarbeiten ausgeführt wurden. Funktionalität, Schlichtheit und authentischer Charakter wurden bei diesem Projekt eindrucksvoll in Einklang gebracht. Besonderen Wert legten die Gestalter auf die optimale Ausschöpfung des Tageslichts.

S. 56–57

Möbel und andere Ausstattungsobjekte des Hauses wurden im Laufe vieler Jahre zusammengetragen.

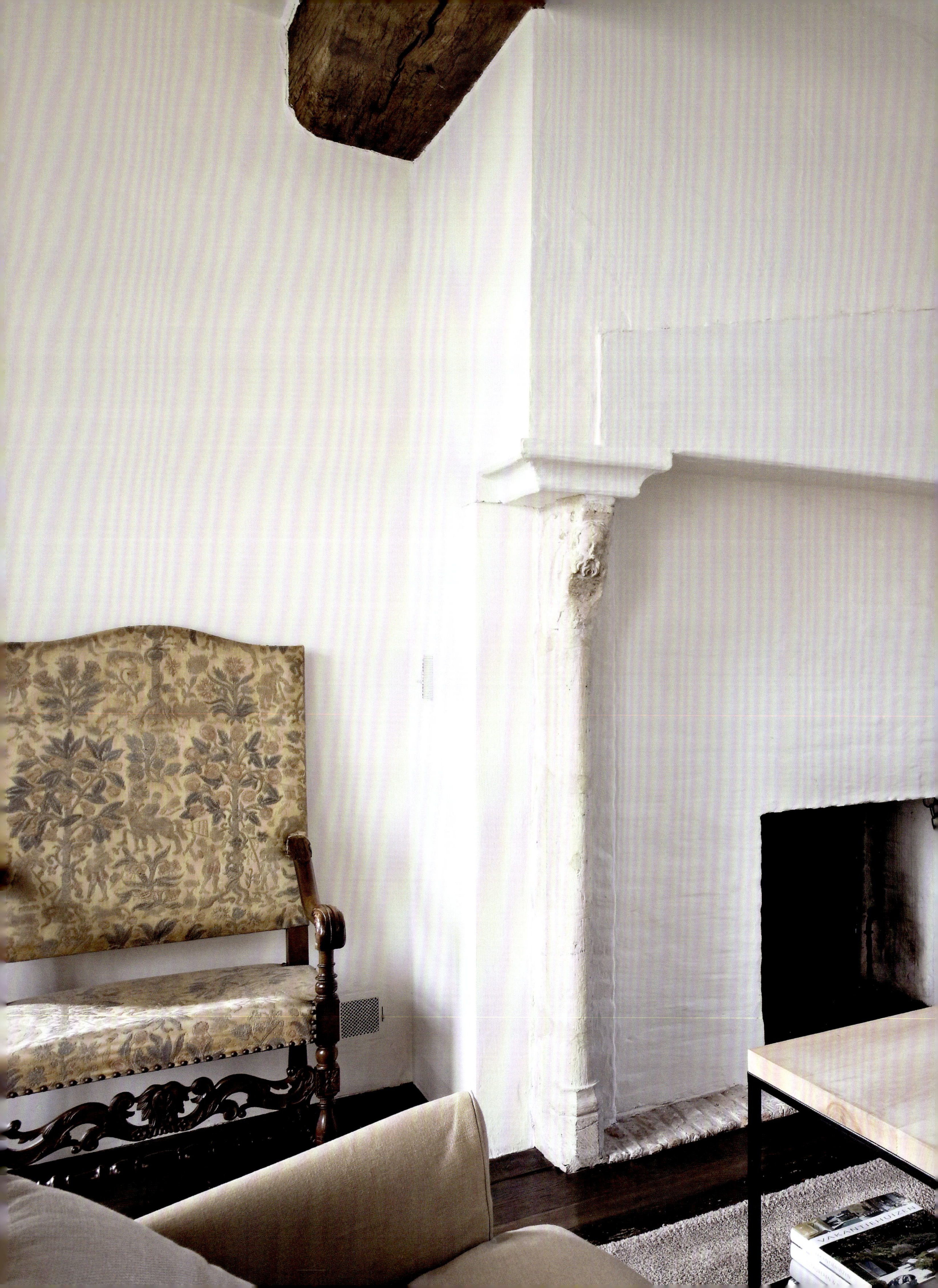

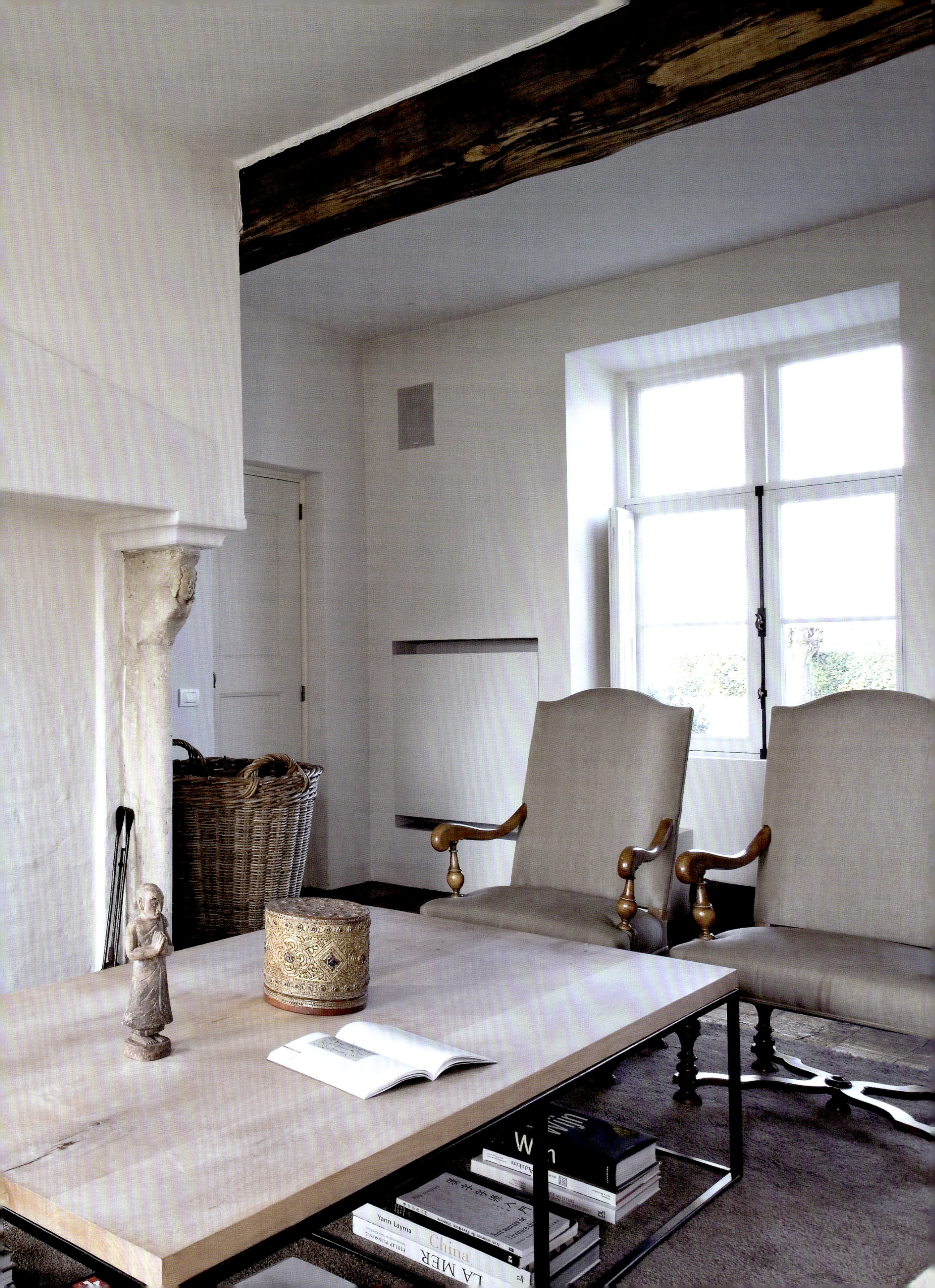
Yann Layma
China
LA MER

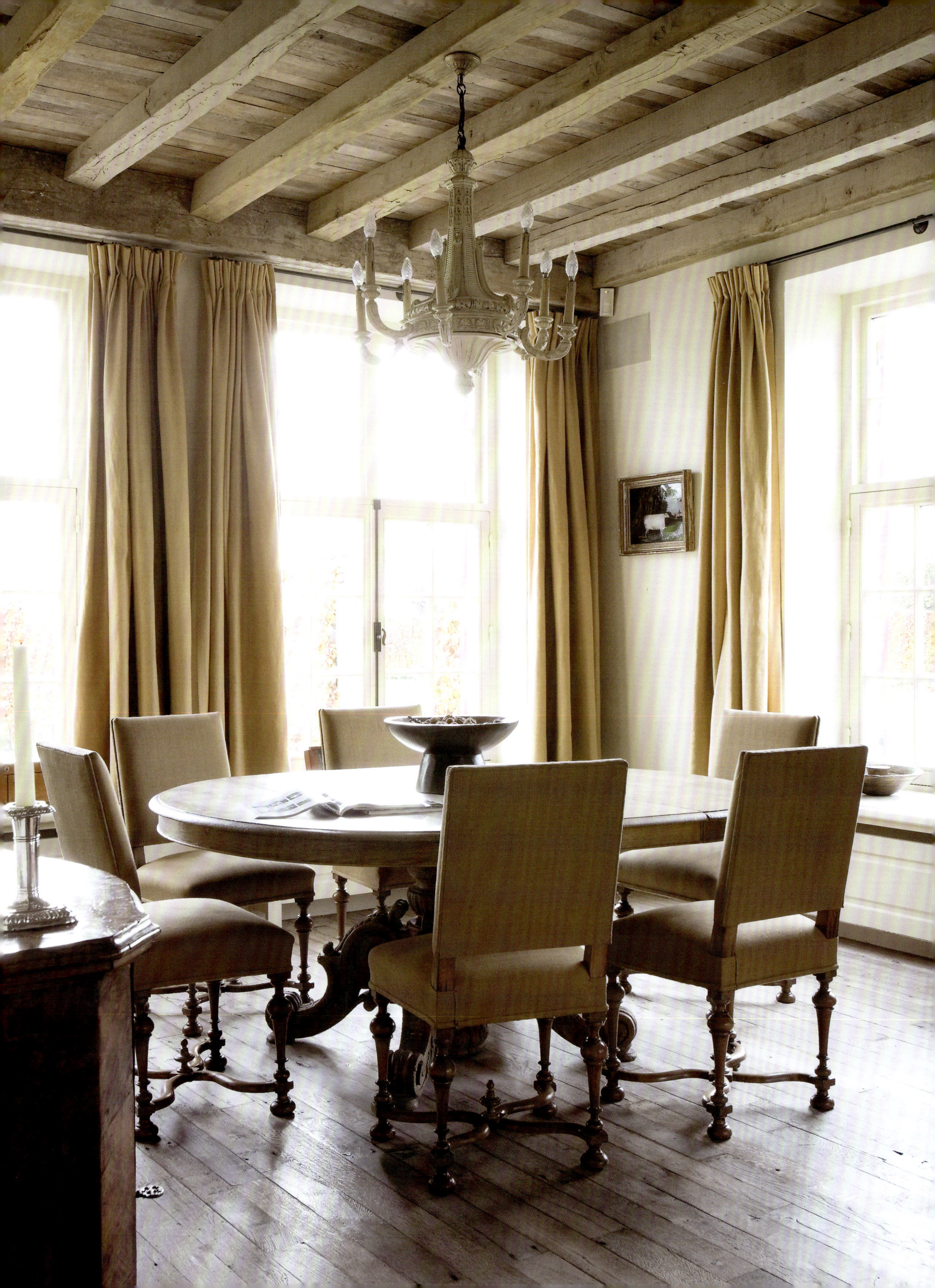

Offene Kamine wurden in mehreren Räumen neu eingebaut.

S. 58

Fußböden, Decken, Türen, Kamine, Treppen und andere Elemente sind authentische Stücke, die ihre eigene Geschichte erzählen. Sie wurden mit viel Fingerspitzengefühl so integriert, dass der Eindruck entsteht, sie seien schon immer hier gewesen.

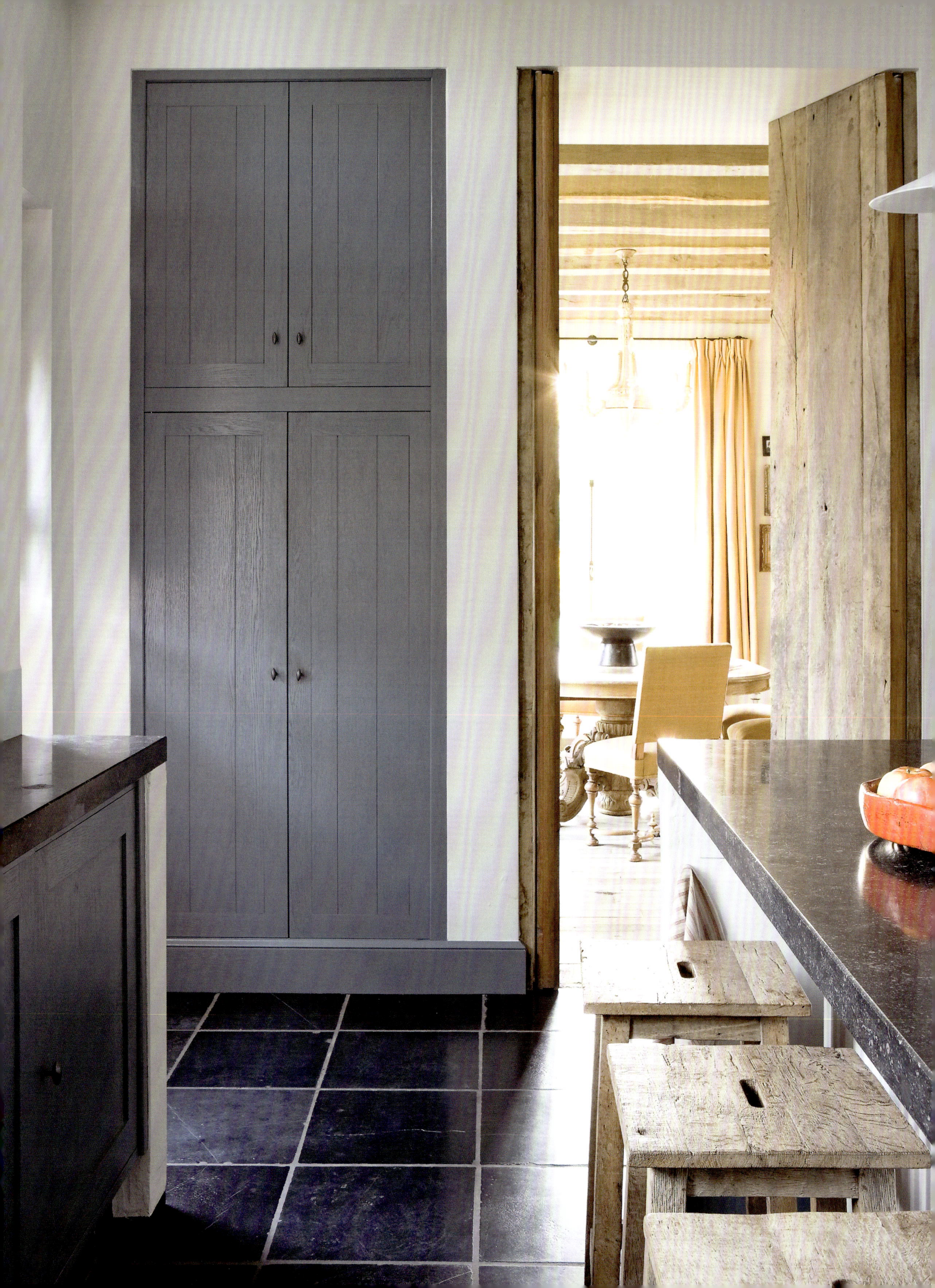

Die geräumige Küche mit dem großen mittig platzierten Herd ist außerordentlich zweckmäßig eingerichtet. Maßgetischlerte Einbauschränke bieten großzügigen Stauraum.

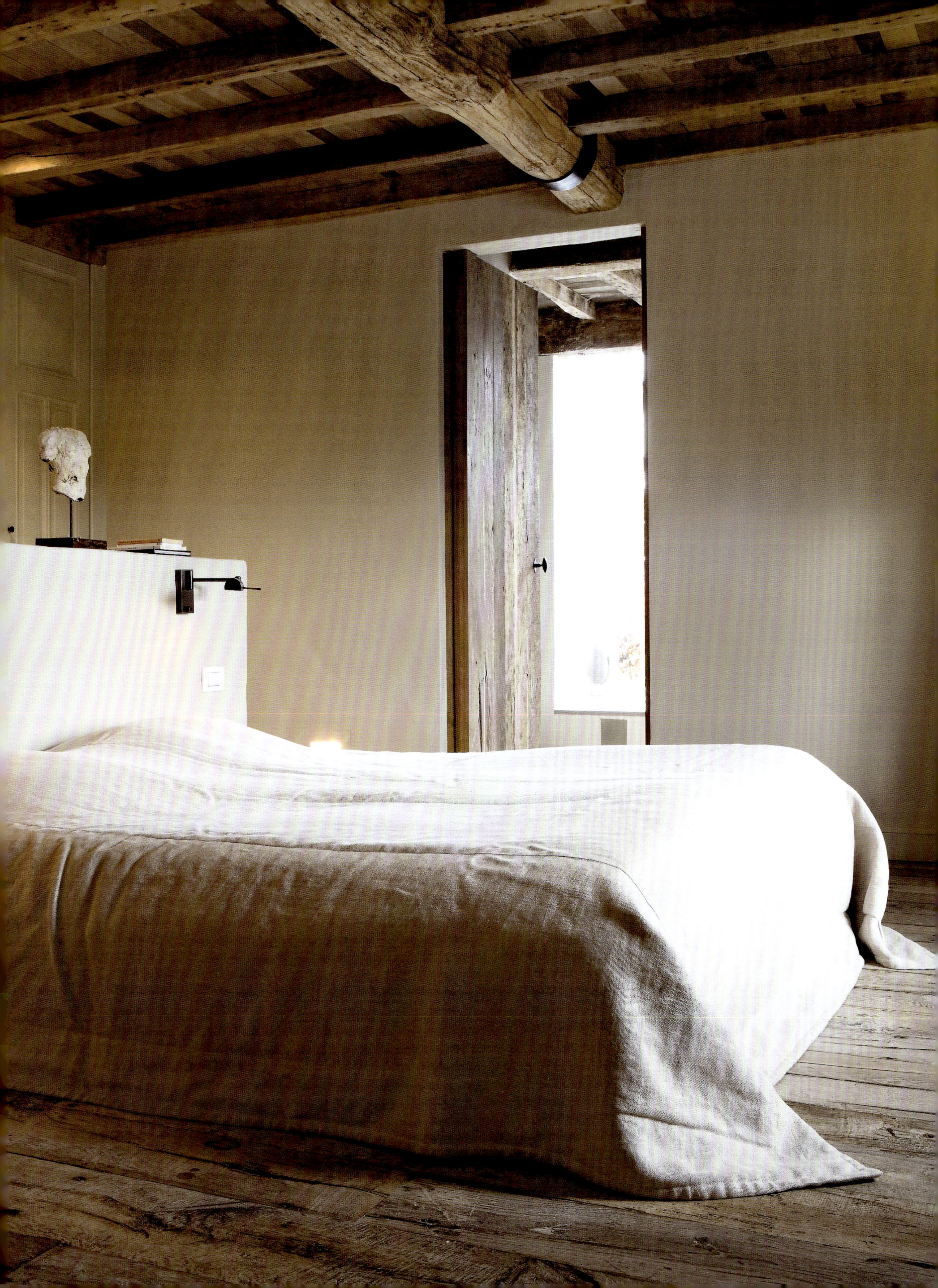

Das Elternschlafzimmer mit Ankleidebereich und Bad hat einen herrlichen Ausblick auf den Garten.

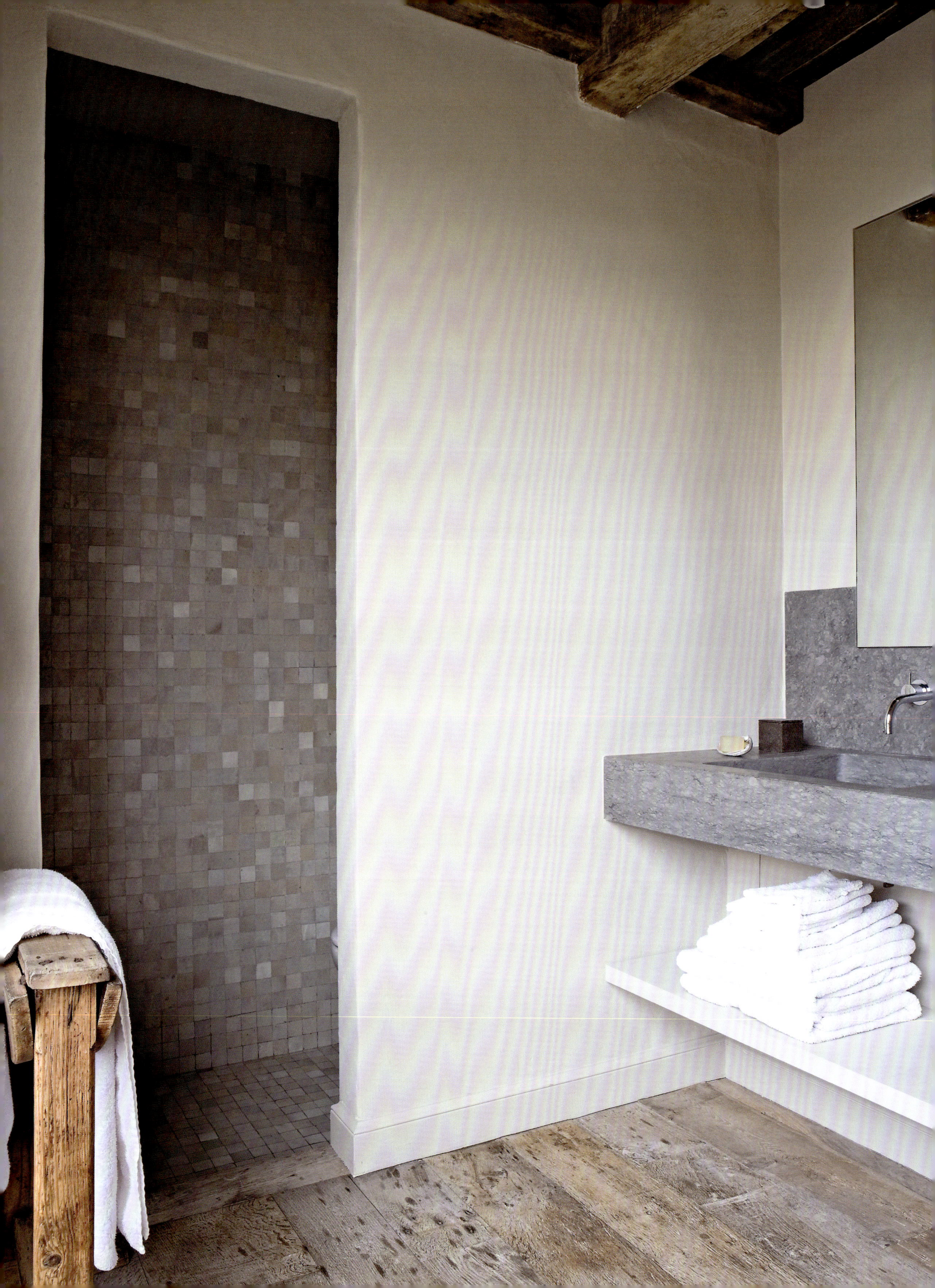

Das Bad wurde mit Naturstein-Waschbecken und einer bodenebenen Dusche ausgestattet.

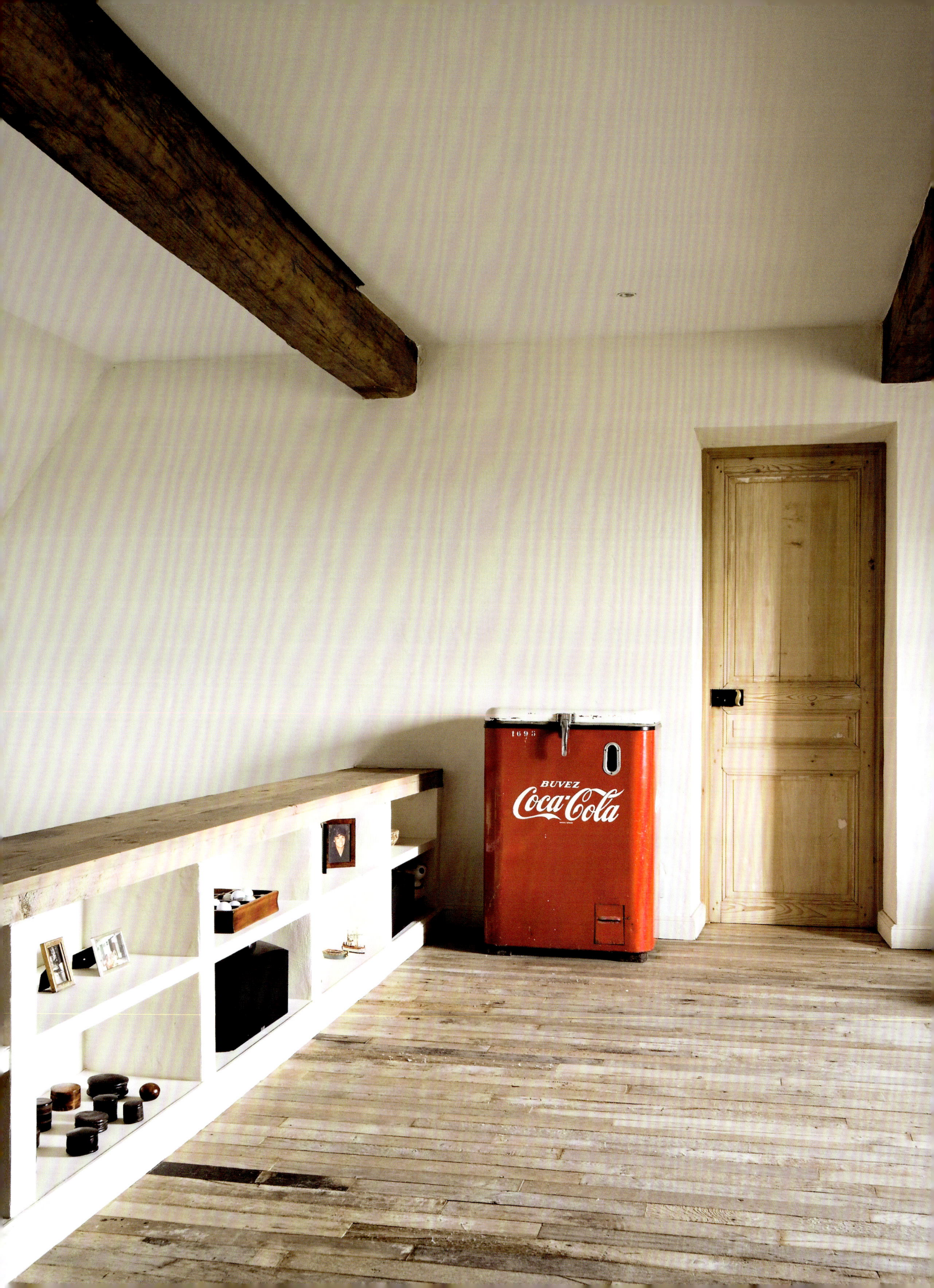
1695
BUVEZ
Coca-Cola

Selbst ungewöhnliche Elemente wurden geschickt in die Räume mit dem authentisch-ländlichen Charakter integriert, wie hier im oberen Geschoss, wo sich die Kinder- und Gästezimmer befinden.

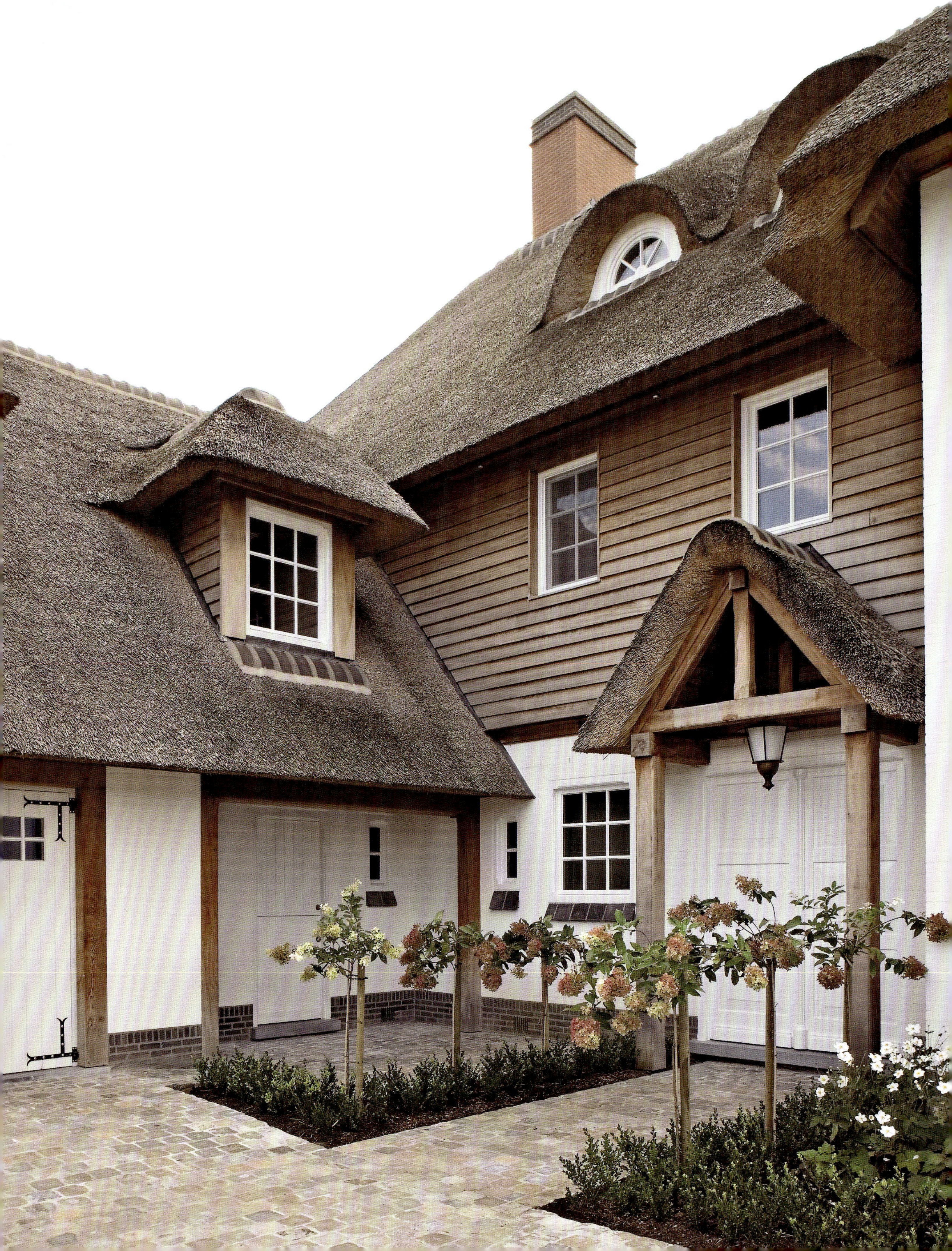

RUSTIKAL UND ELEGANT

Diese idyllisch gelegene Villa auf dem Lande ist ein Entwurf des Architekturstudios Demyttenaere aus der belgischen Stadt Knokke.

Für die Gestaltung der Innenräume ist das Interior-Design-Unternehmen Sand's Company verantwortlich, das eng mit Demyttenaere zusammenarbeitet.

Das traditionelle Reetdach und die quer verlaufende Verschalung der oberen Fassade betonen den zwanglosen, rustikalen Charakter des Anwesens.

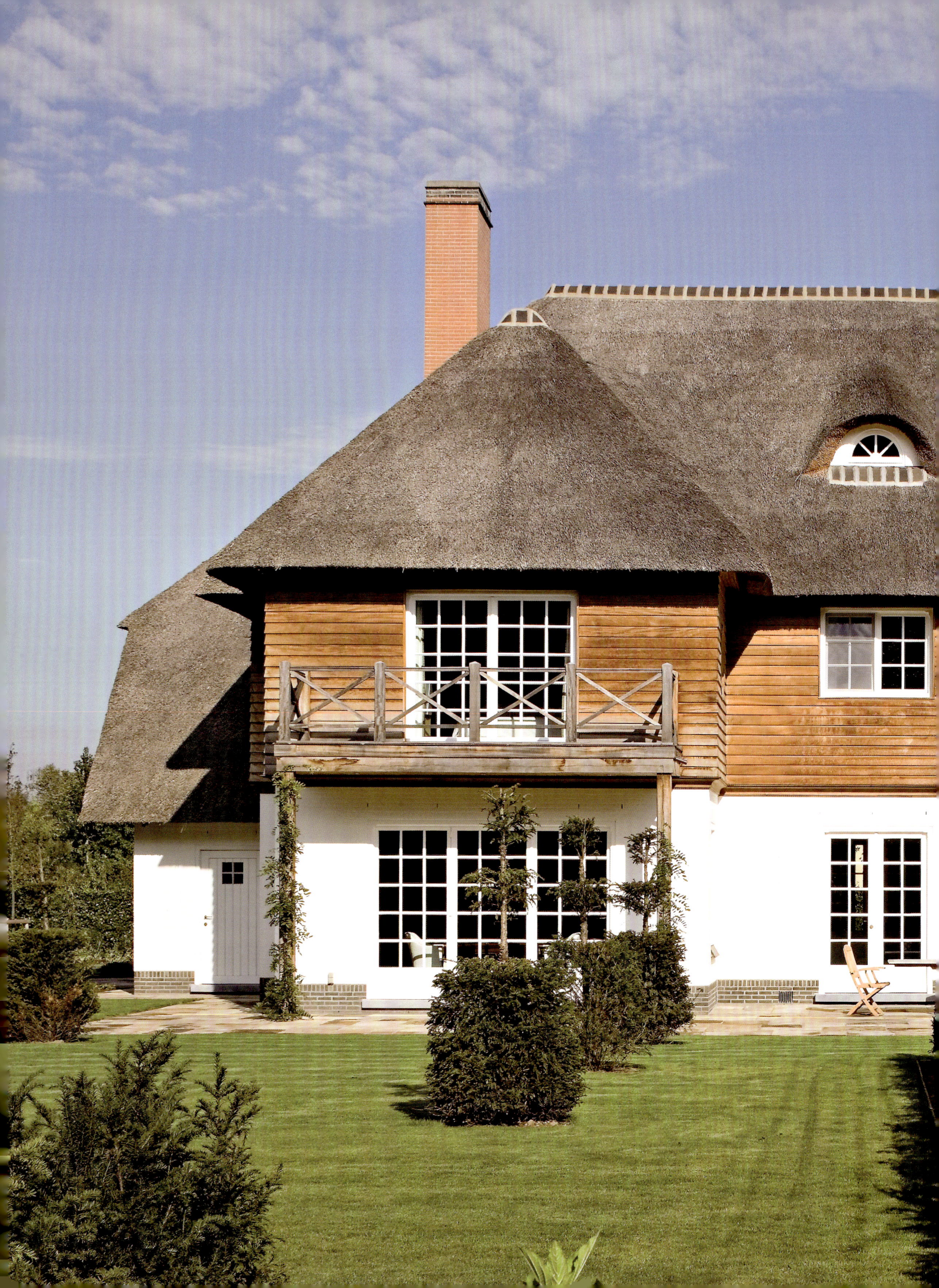

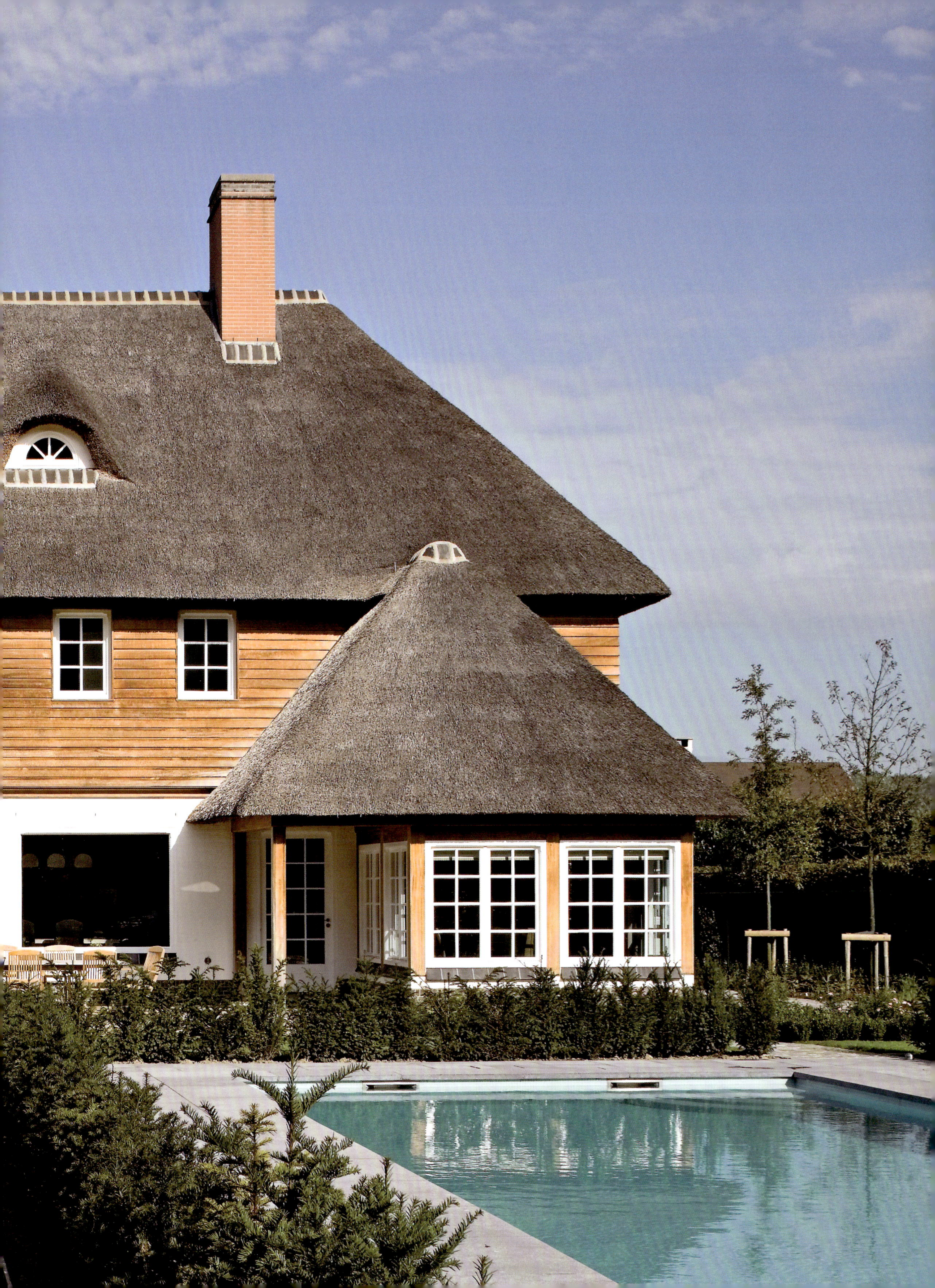

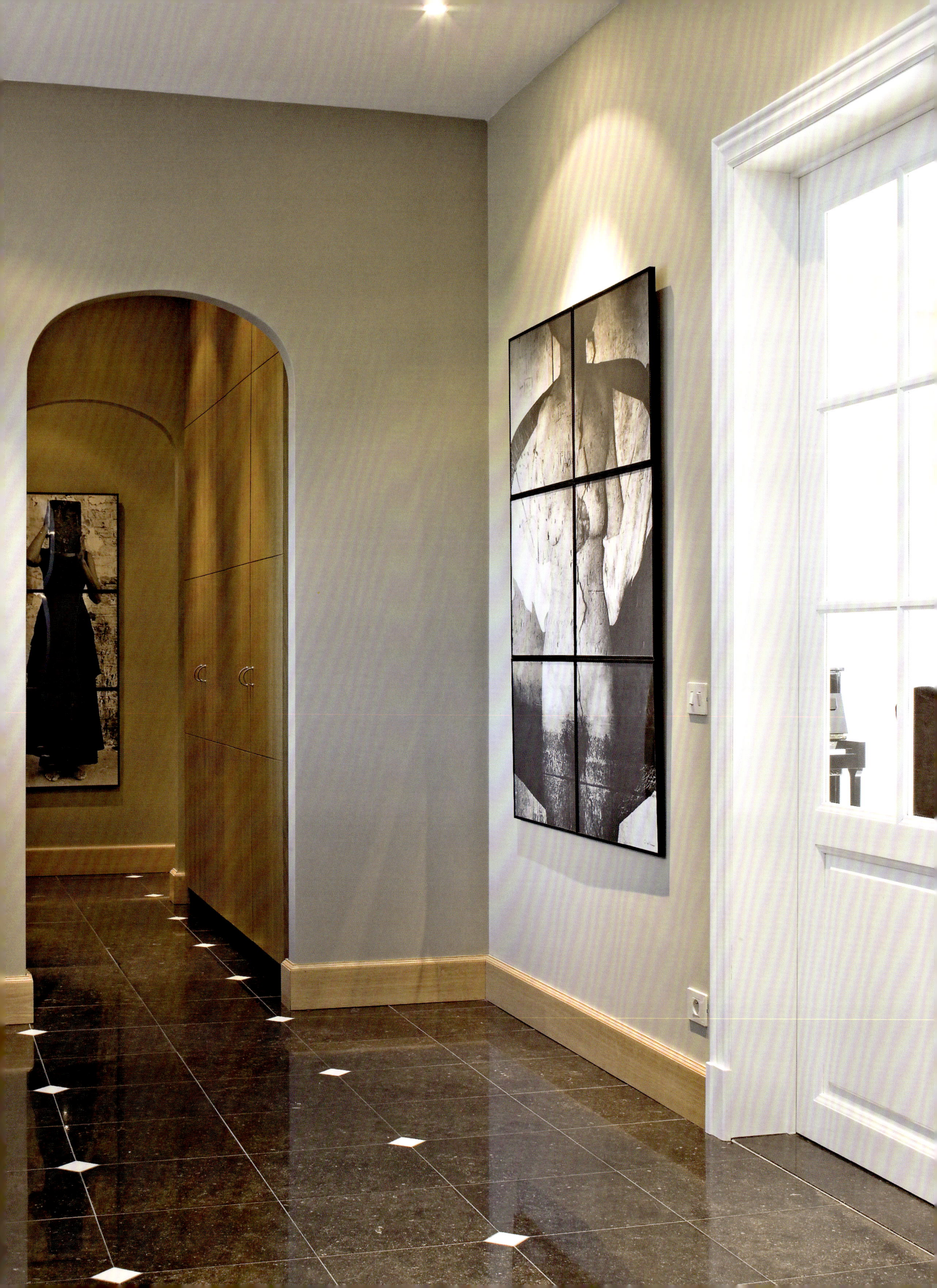

Als Bodenbelag wurden polierte Natursteinfliesen in dunklem Blaugrau gewählt und durch kleine Rauten aus weißem Thassos-Marmor aufgelockert.

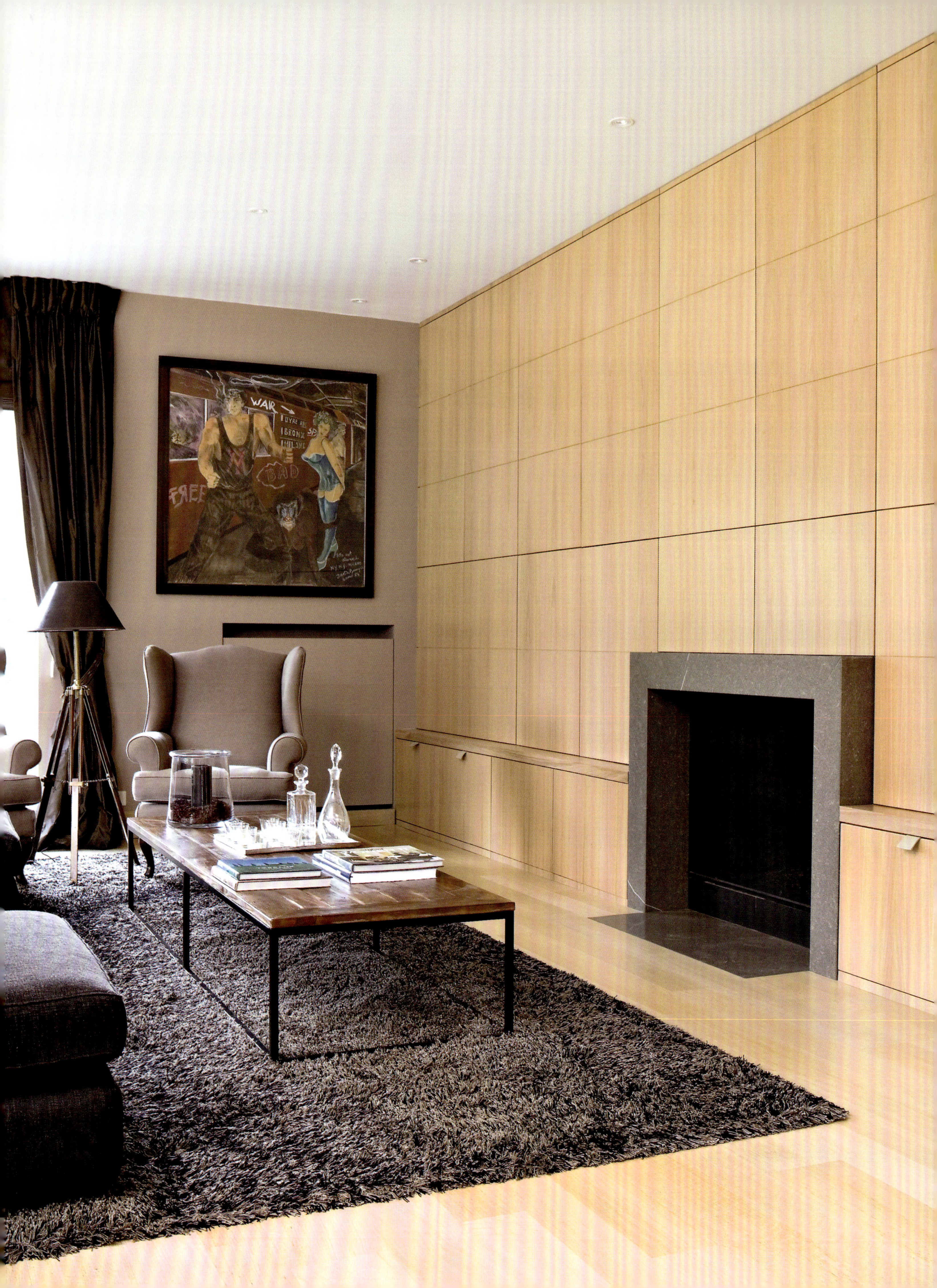
WAR
BAD

Die Kaminwand ist mit gebürstetem, französischem Eichenholz vertäfelt, das hell geölt wurde. Für den Kamin selbst wurde eine Einfassung aus Pietra Piasentina, einem Naturstein in dunklem Grau, gewählt.

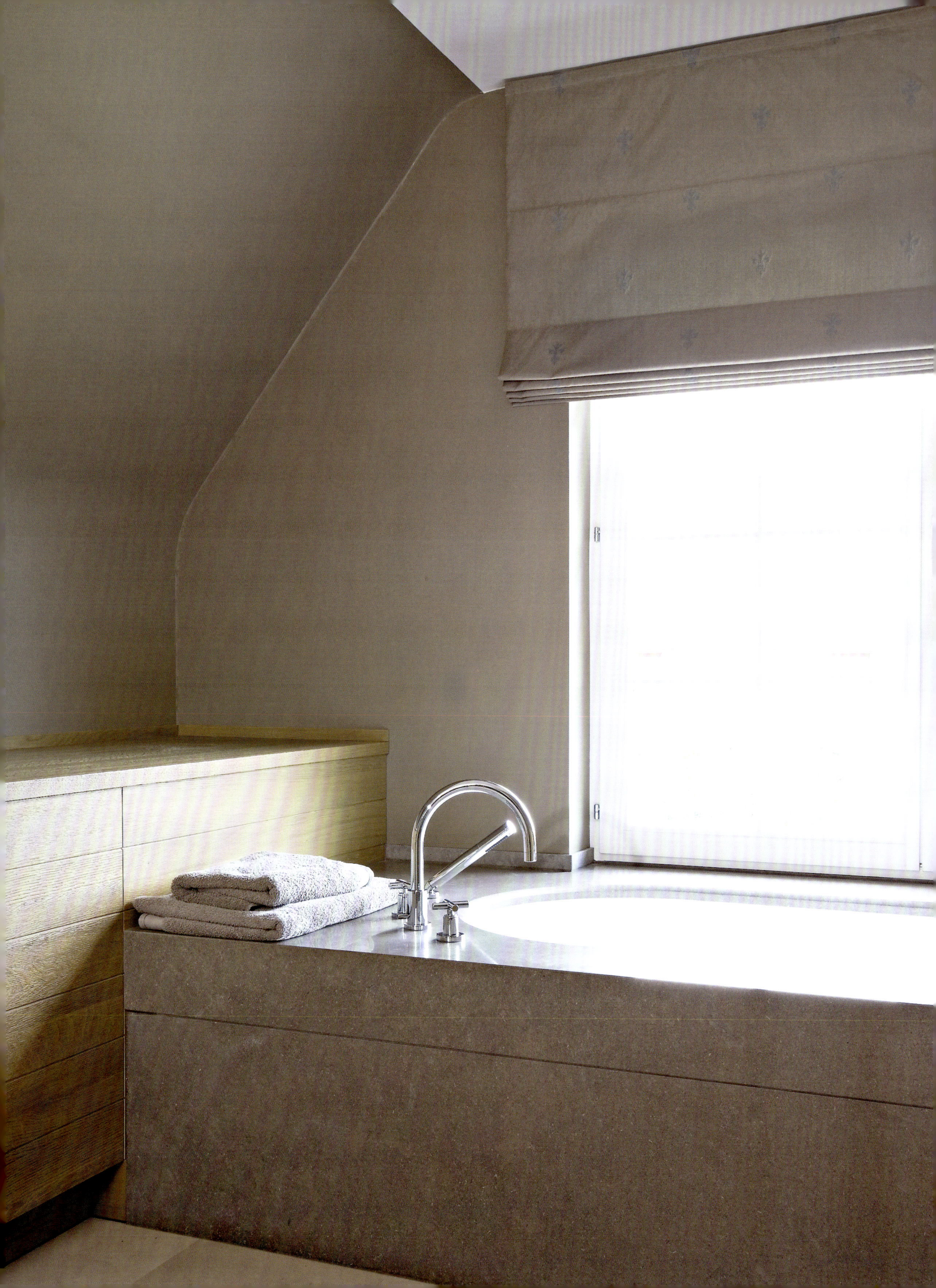

Im Bad sorgen die sanften Töne des Natursteins Azul Fatima und der Fronten aus gebürsteter, geölter Eiche für eine angenehm ruhige Atmosphäre. Die Dusche ist mit antiken, 5 x 5 cm großen Mosaiksteinen aus Botticino-Kalkstein verkleidet.

Der halbhohe Schrank und die Wandverkleidung hinter dem Bett bestehen aus gesandstrahltem, lasiertem Eichenfurnier.

Die Schrank- und Regalelemente in Weiß vermitteln den Eindruck von Lichte und Großzügigkeit.

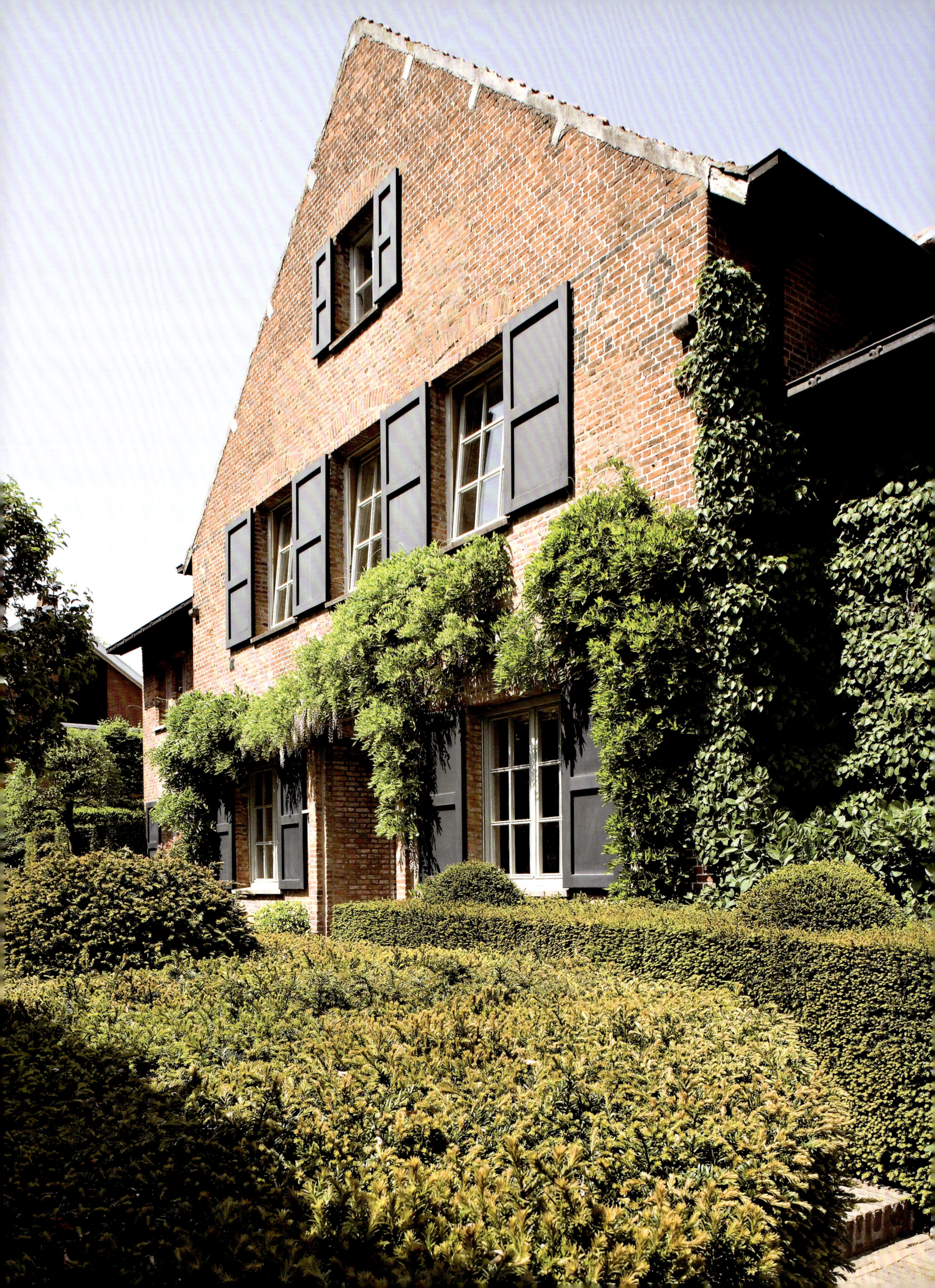

KUHSTALL MIT AMBIENTE

Dieser Kuhstall und das dazugehörige Bauernhaus aus dem frühen 19. Jahrhundert wurden unter Federführung des Architekten Bernard De Clerck einer umfassenden Sanierung und Modernisierung unterzogen.

Dabei wurde die ehemalige Melkkammer an das Wohnhaus angeschlossen, um eine geräumige Küche mit Essplatz zu schaffen.

Neue Ergänzungen sind eine Scheune, eine überdachte Terrasse, ein Poolhaus und ein Windfang am Nebeneingang.

Die Straßenfassade des Gebäudes.

Die großen Glastüren der Küche (im oberen Foto ganz links), der Nebeneingang und die Scheunentore führen auf den großen Hof, der rechts vom Gebäude liegt.

In der Ecke des Hauses wurde ein kleiner Anbau aus Eichenholz errichtet, in dem sich die Spülküche befindet.

S. 84–85
An Teilen der gemauerten Fassade ranken Blauregen und Kletterhortensie in die Höhe.

S. 86–87
Die überdachte Terrasse mit dem Poolhaus und einem neuen Gebäudeflügel, in dem nun Küche und Essplatz untergebracht sind. Die großen, neuen Glastüren in der Mitte geben dieser Seite des Hauses ihre elegante Anmutung.

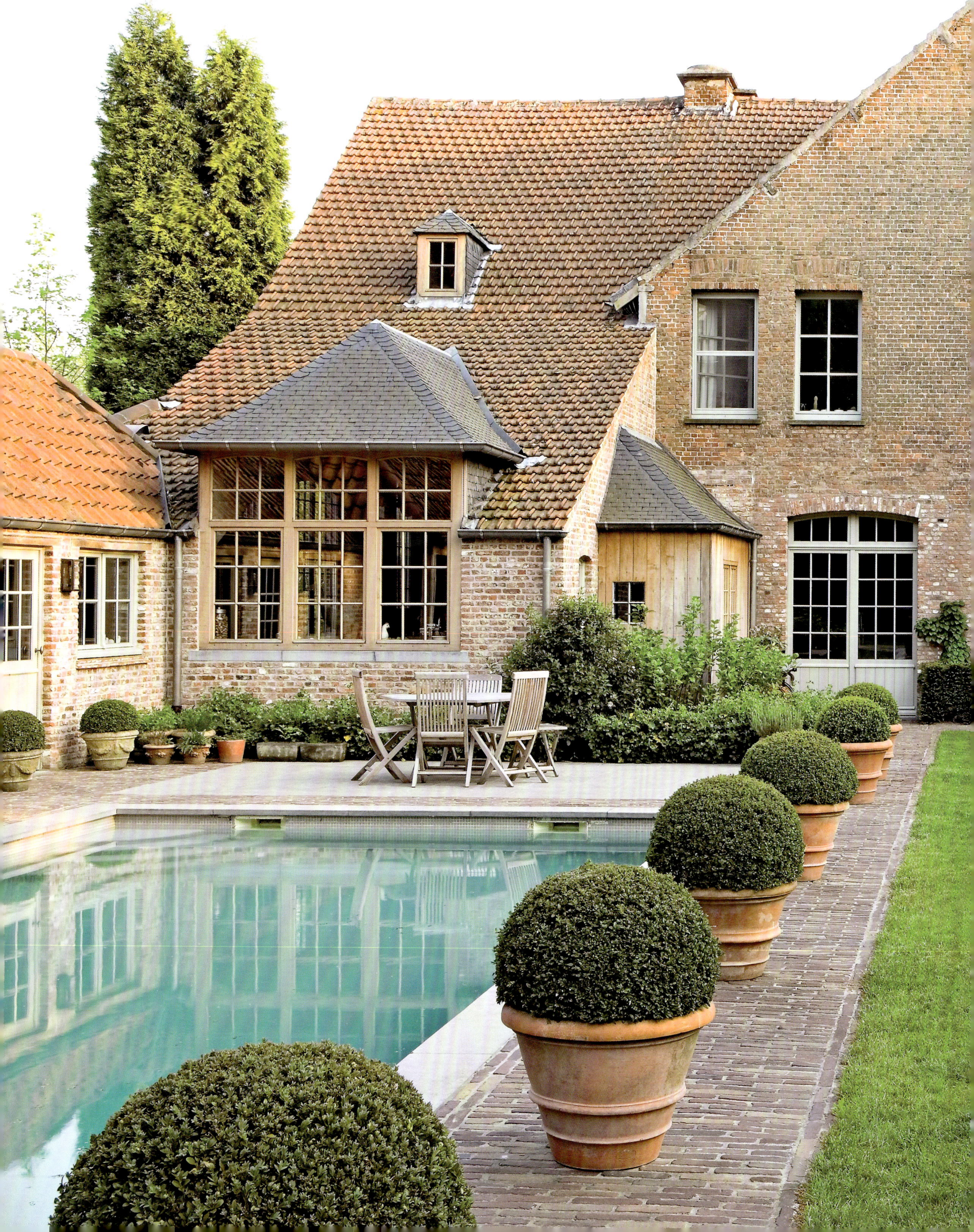

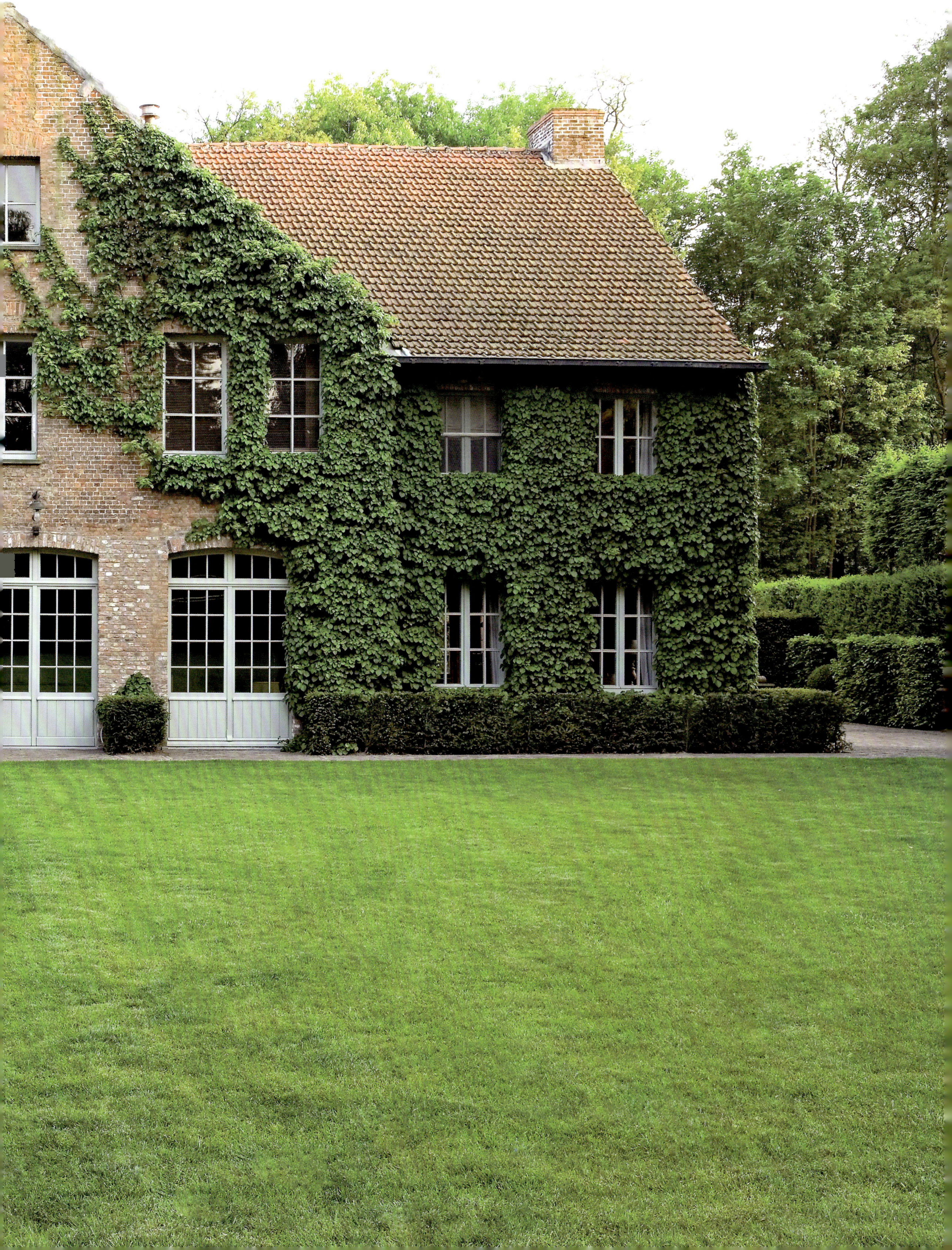

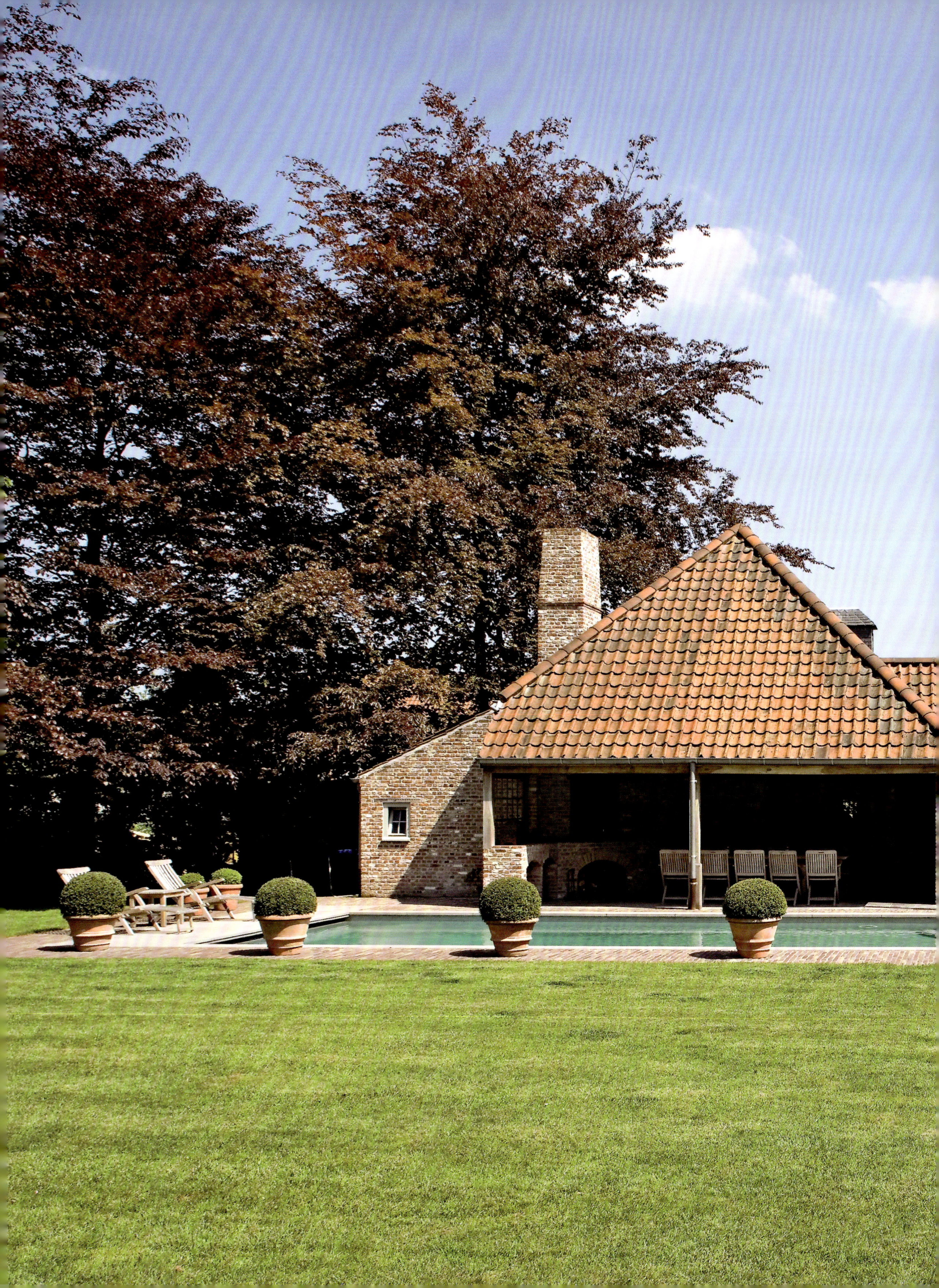

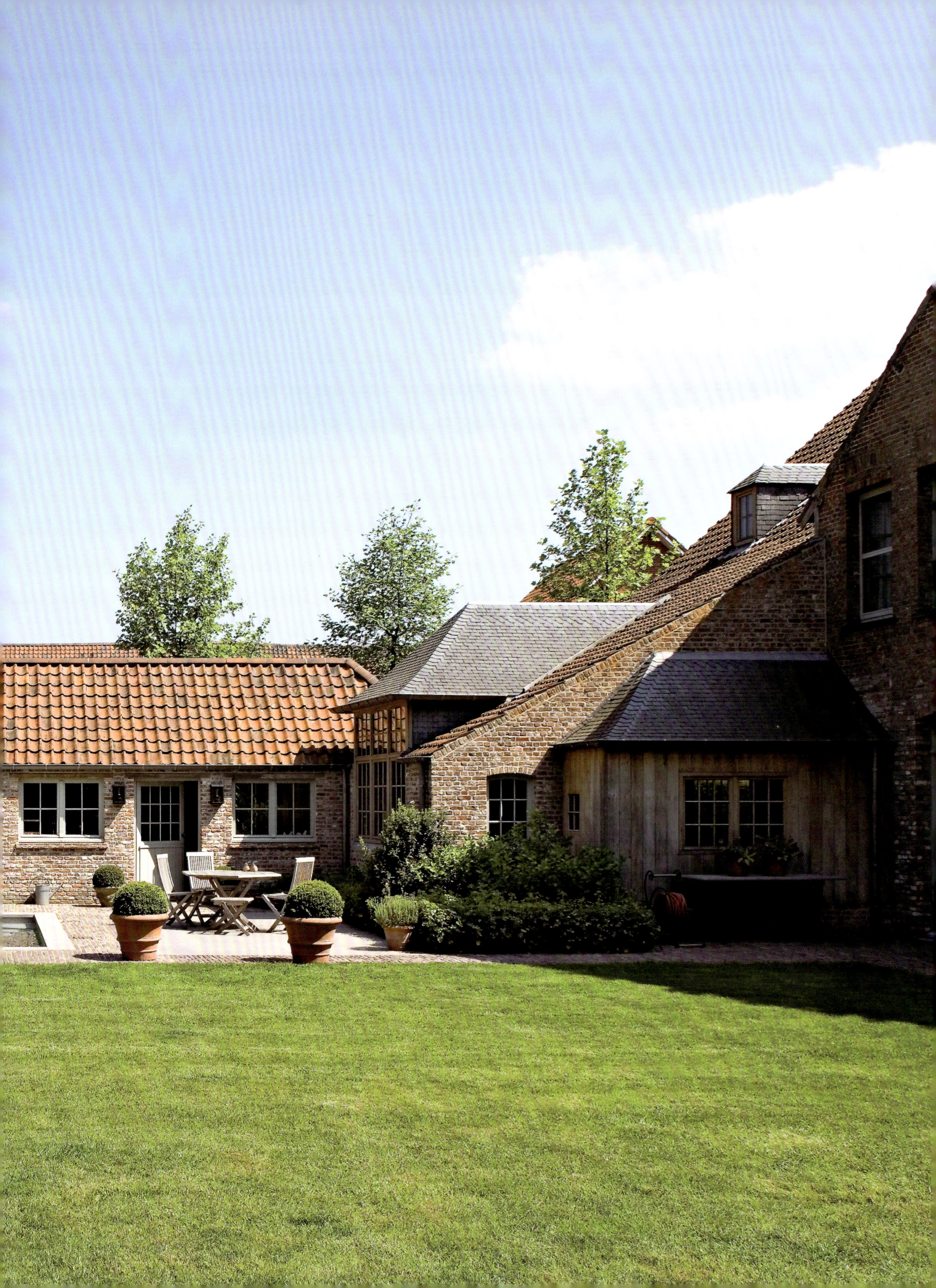

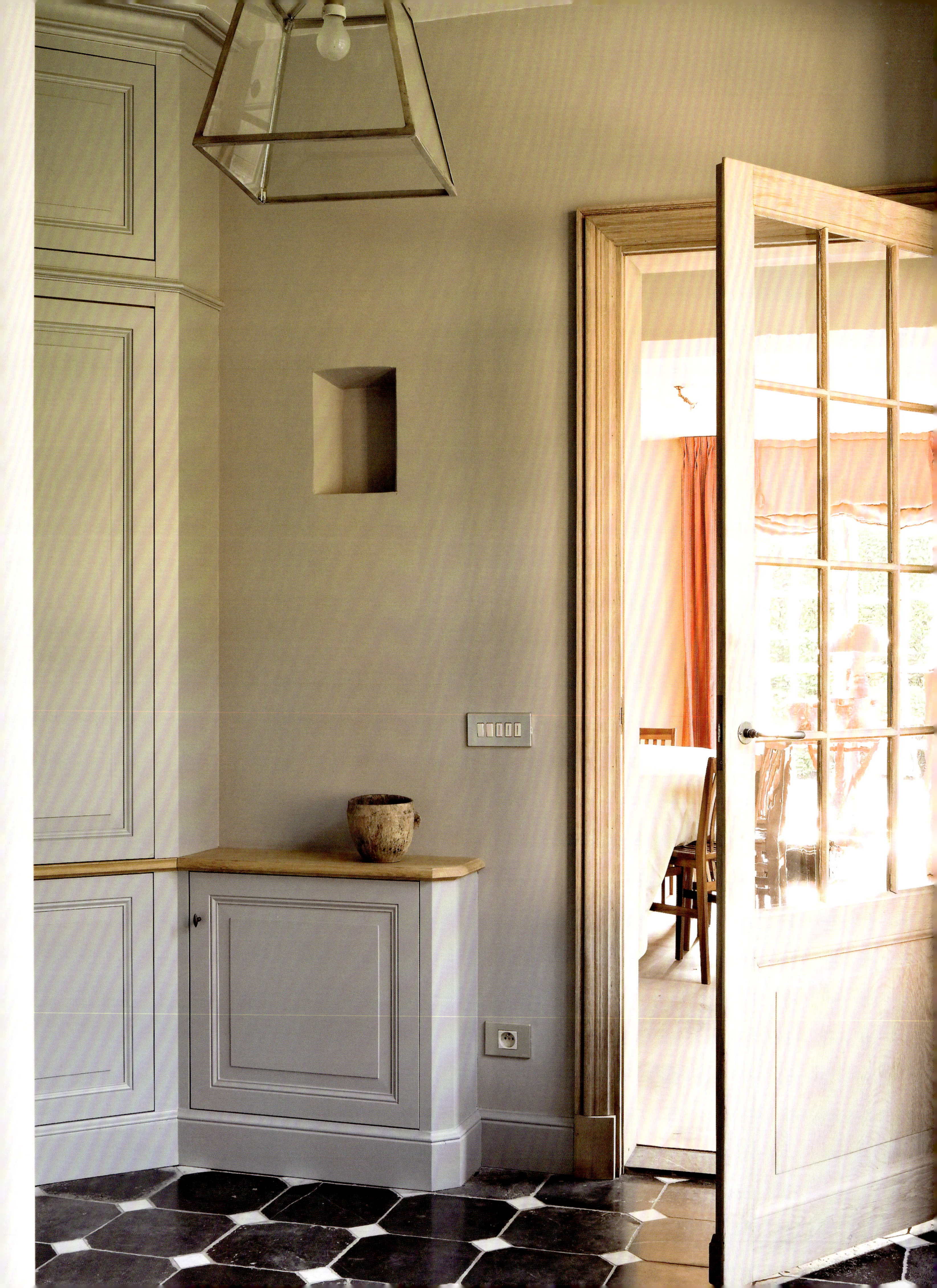

Die Spülküche liegt direkt neben dem Esszimmer. Blick aus dem Esszimmer in den Wohnbereich und in die Diele mit der Treppe.

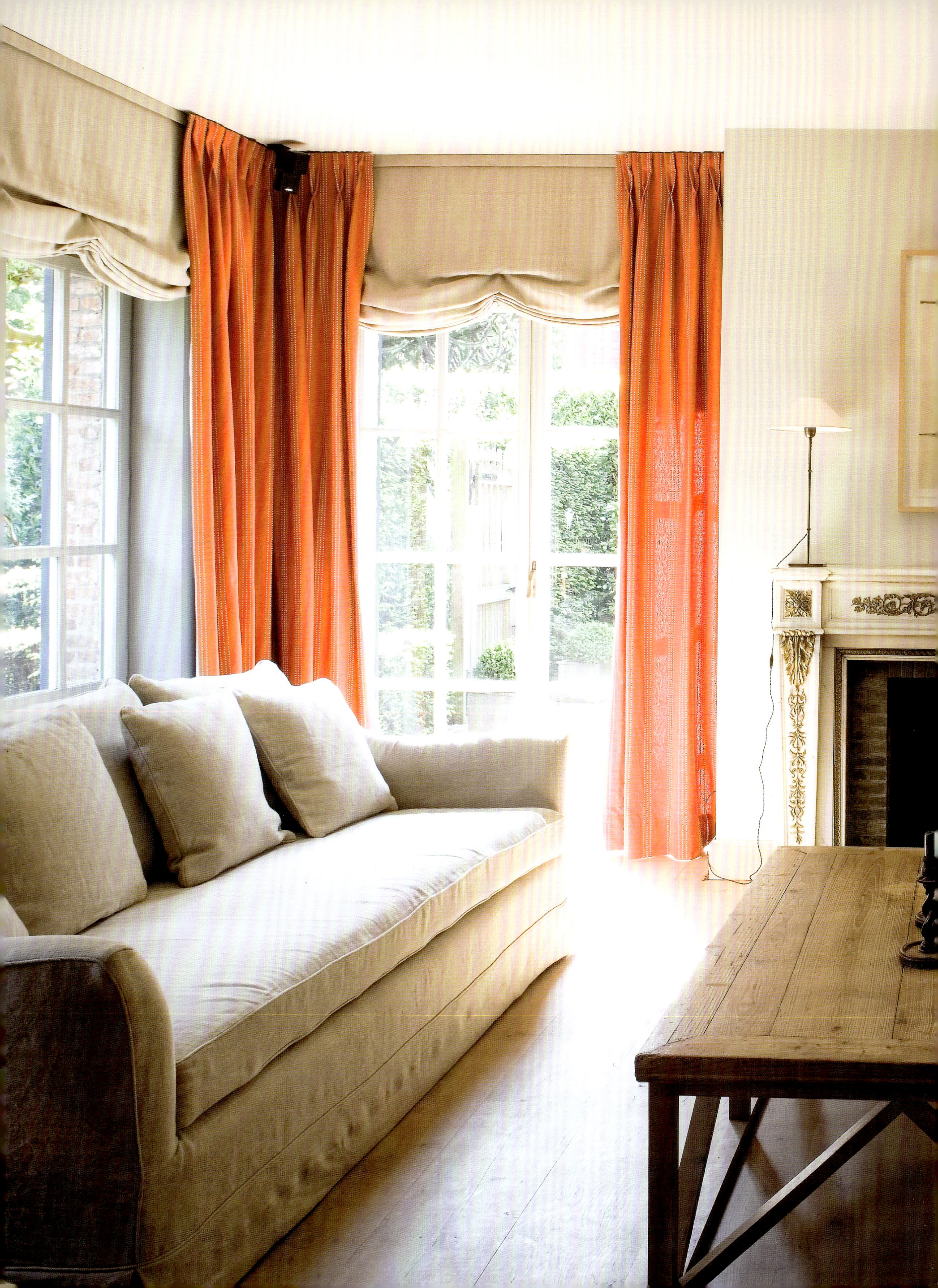

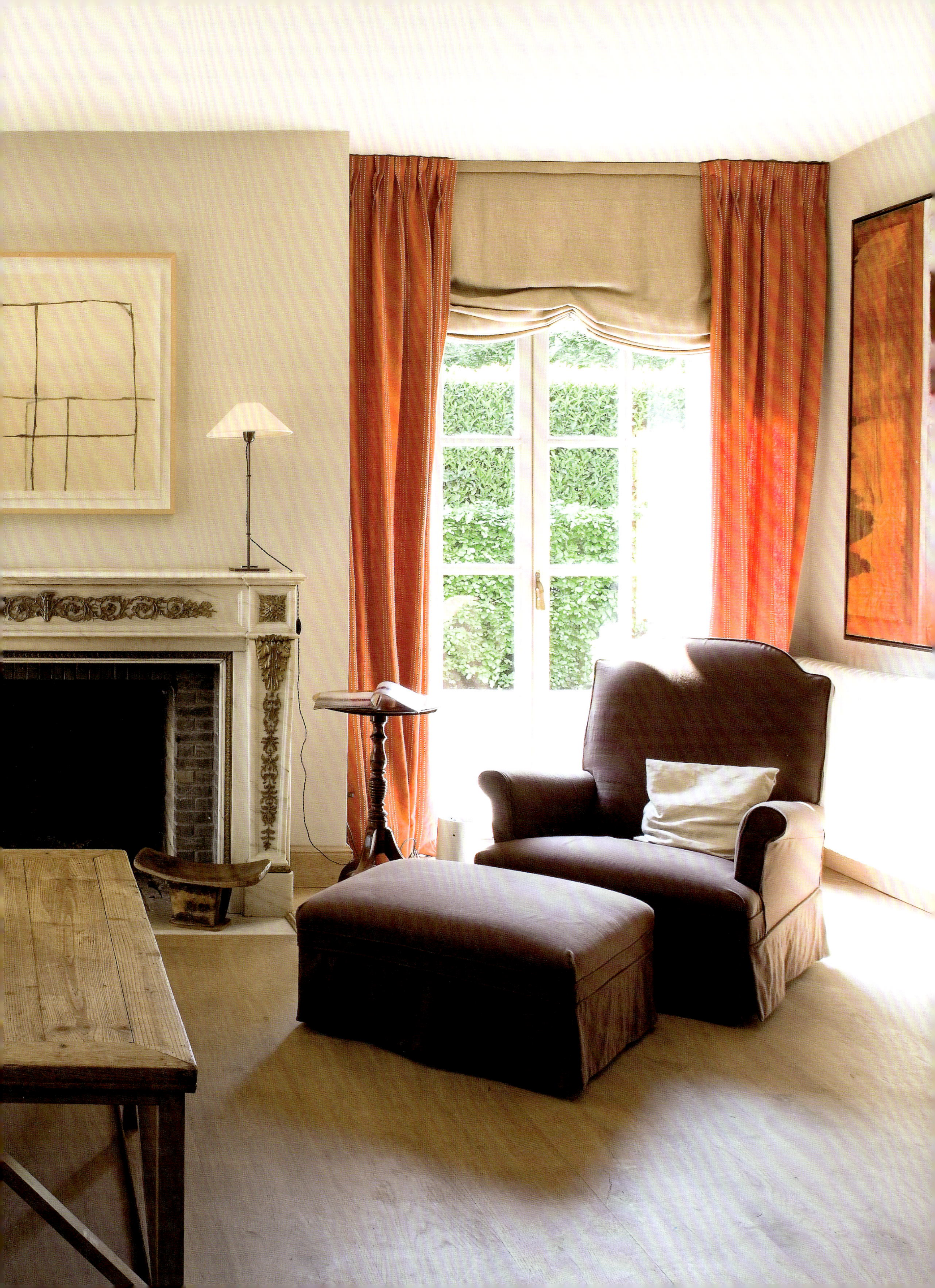

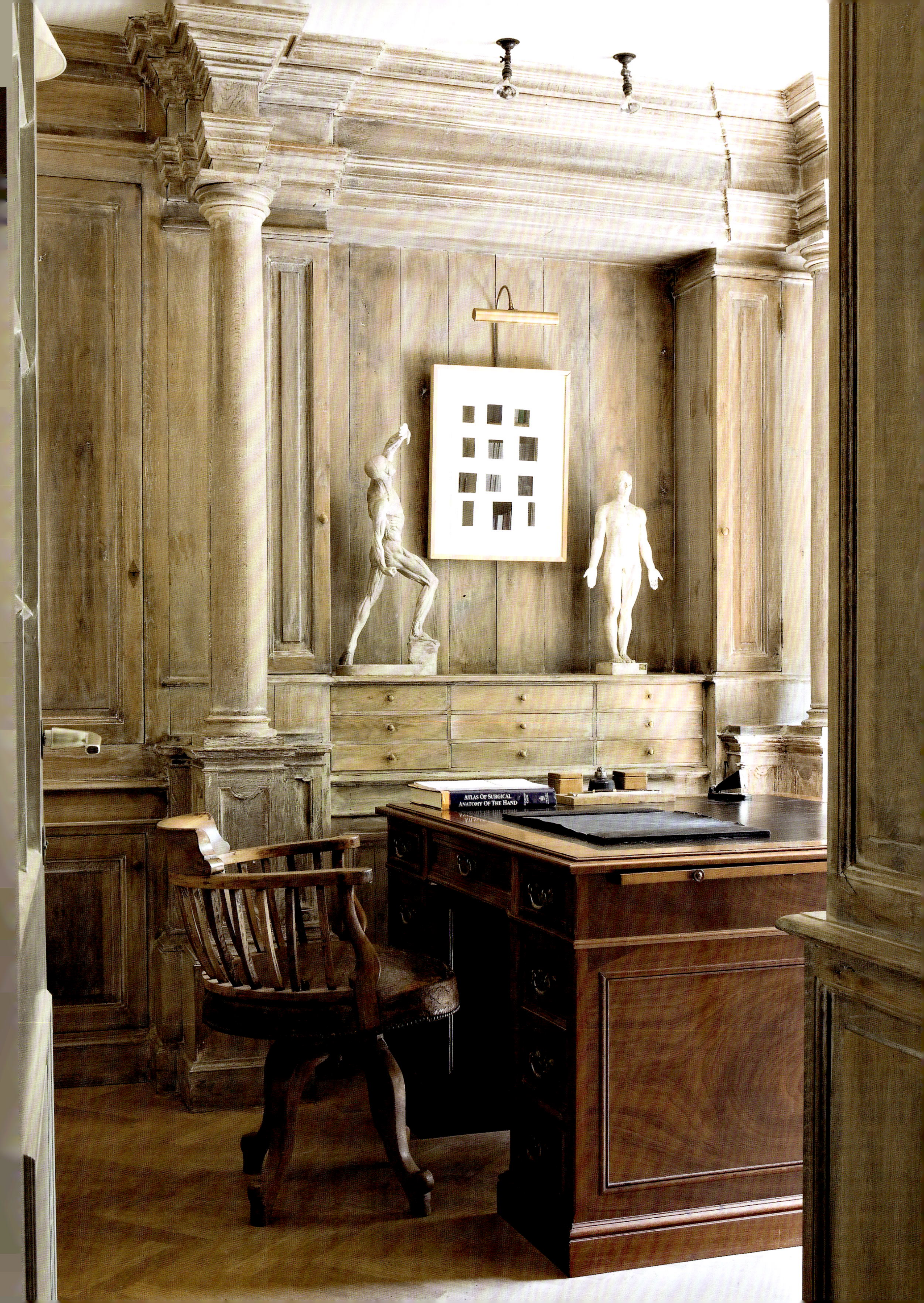
ATLAS OF SURGICAL
ANATOMY OF THE HAND

Imposante Täfelungen, Deckenprofile und Eichensäulen im Stil des italienischen Barock beherrschen das Arbeitszimmer mit dem englischen Schreibtisch und den anatomischen Modellfiguren aus Gips.

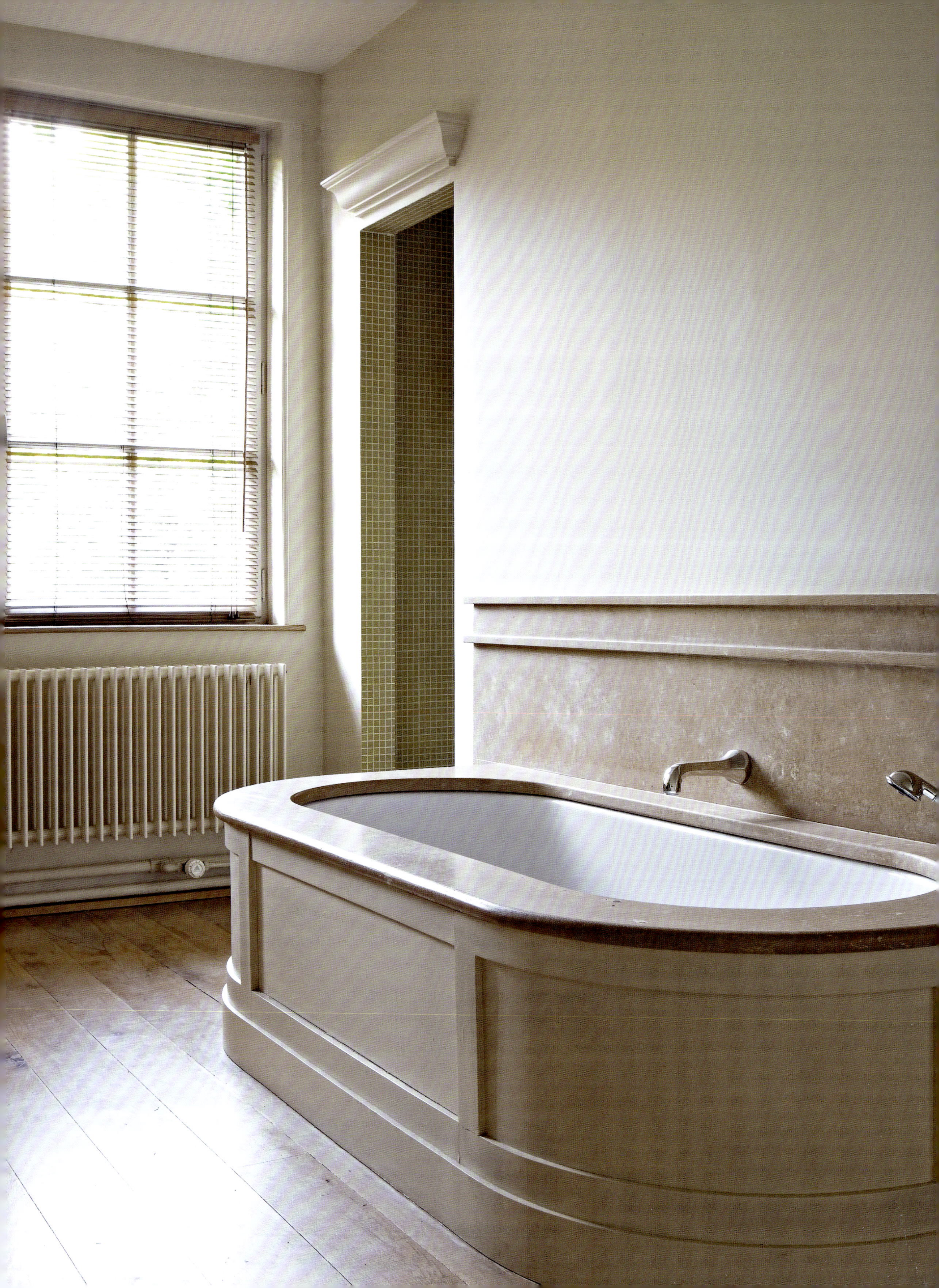

Für das Badezimmer hat der Architekt Eichendielen, Verkleidungen aus Massangis Roche Jaune und gestrichene Schränke gewählt.

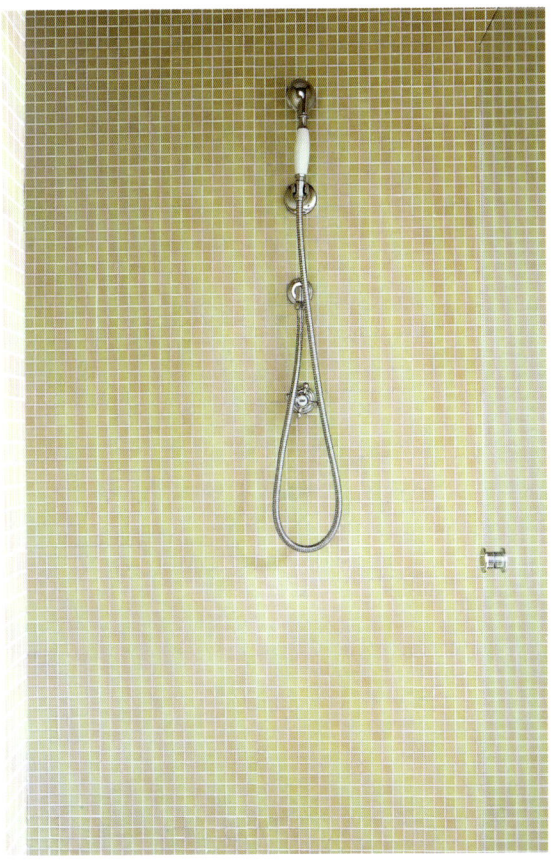

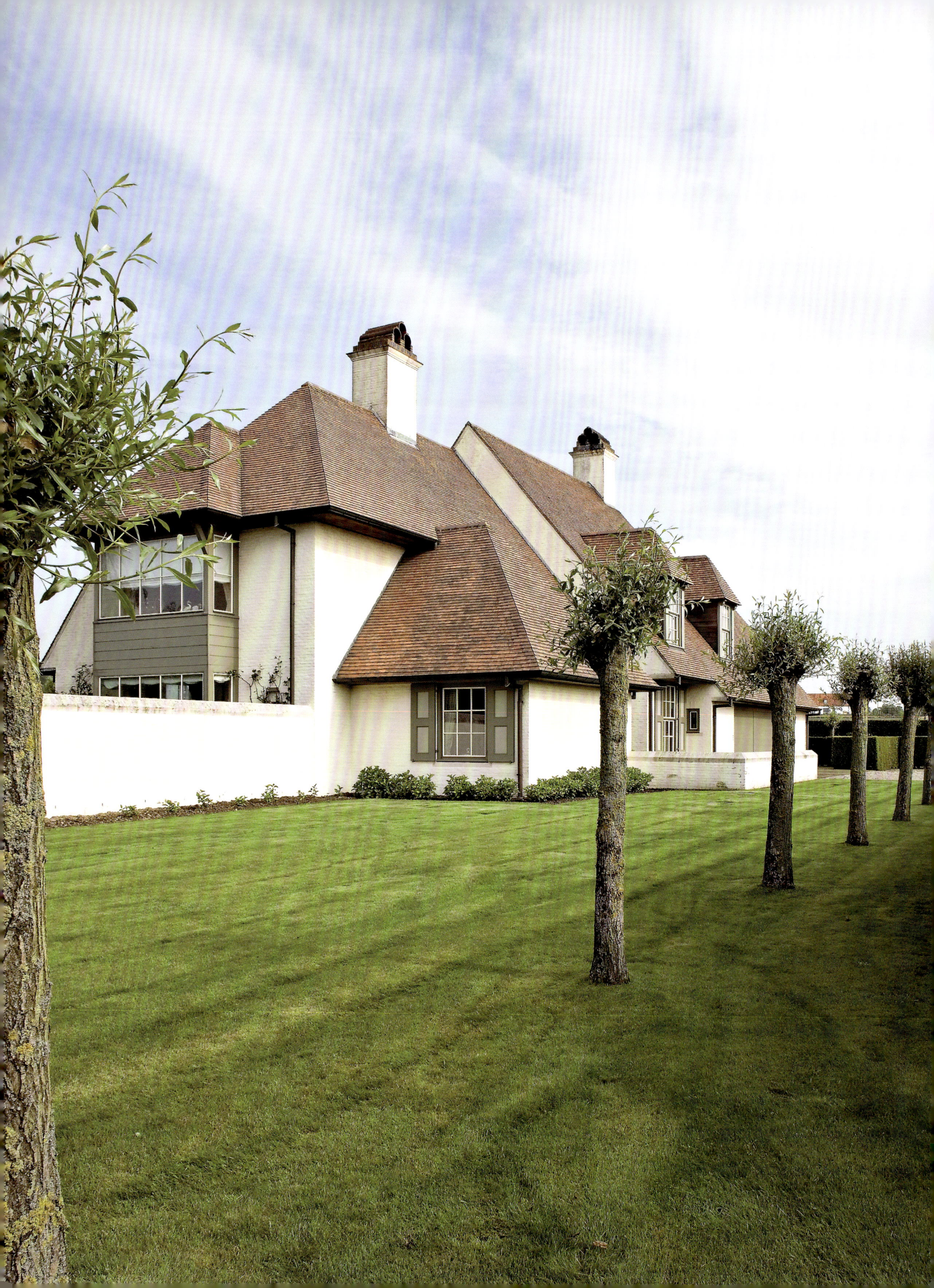

KLASSISCHE VILLA
IN PASTORALER LANDSCHAFT

Inmitten einer hinreißenden Umgebung liegt dieses Landhaus. Hinter ordentlichen Reihen von Kopfweiden erstreckt sich weites Weideland. Virginie und Odile Dejaegere zeichnen für das Interieur verantwortlich, die Gartengestaltung übernahm der Landschaftsarchitekt Paul Deroose.

Klassische Stilelemente prägen den Charakter dieses stattlichen Anwesens auf dem Land – drinnen wie draußen.

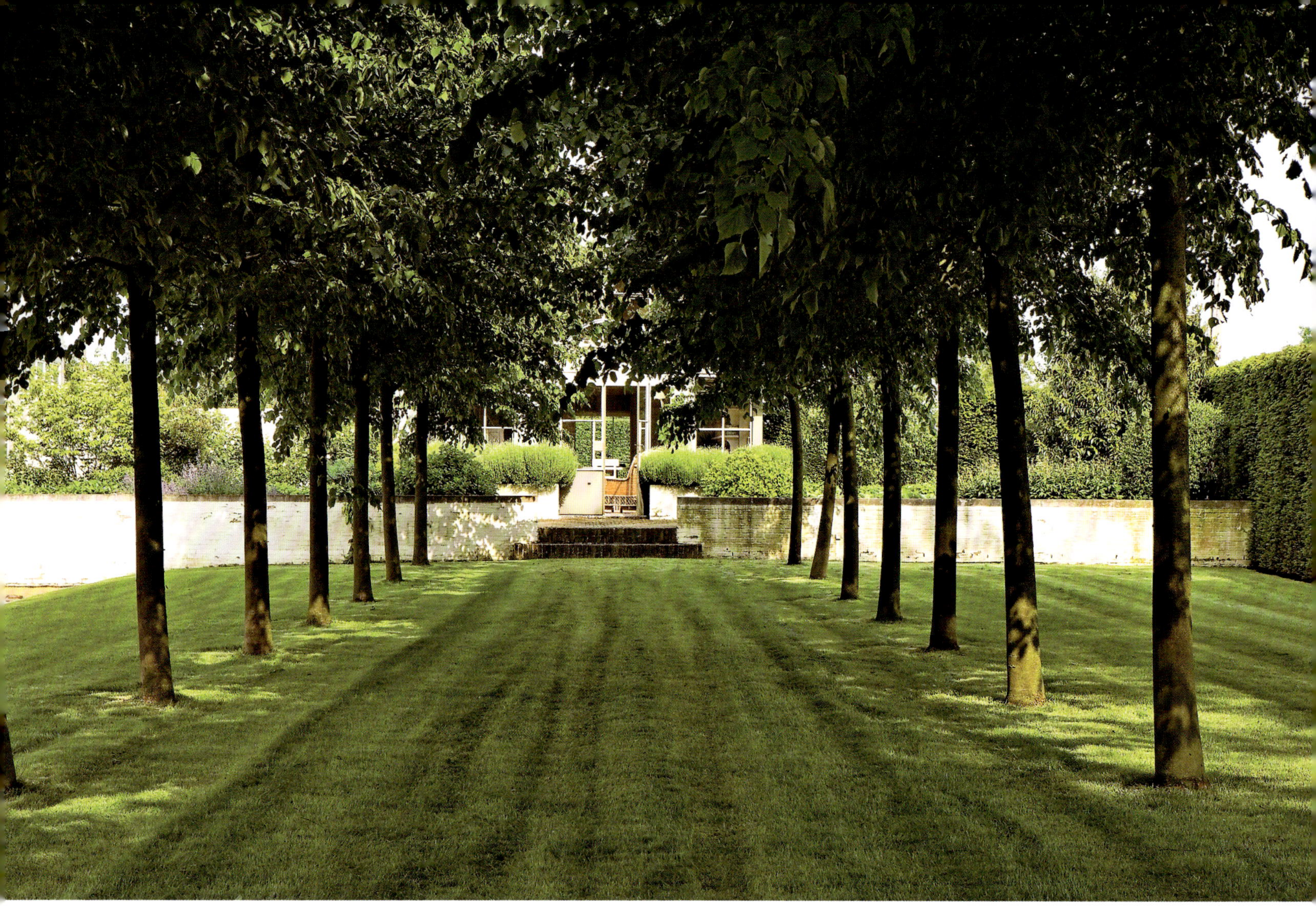

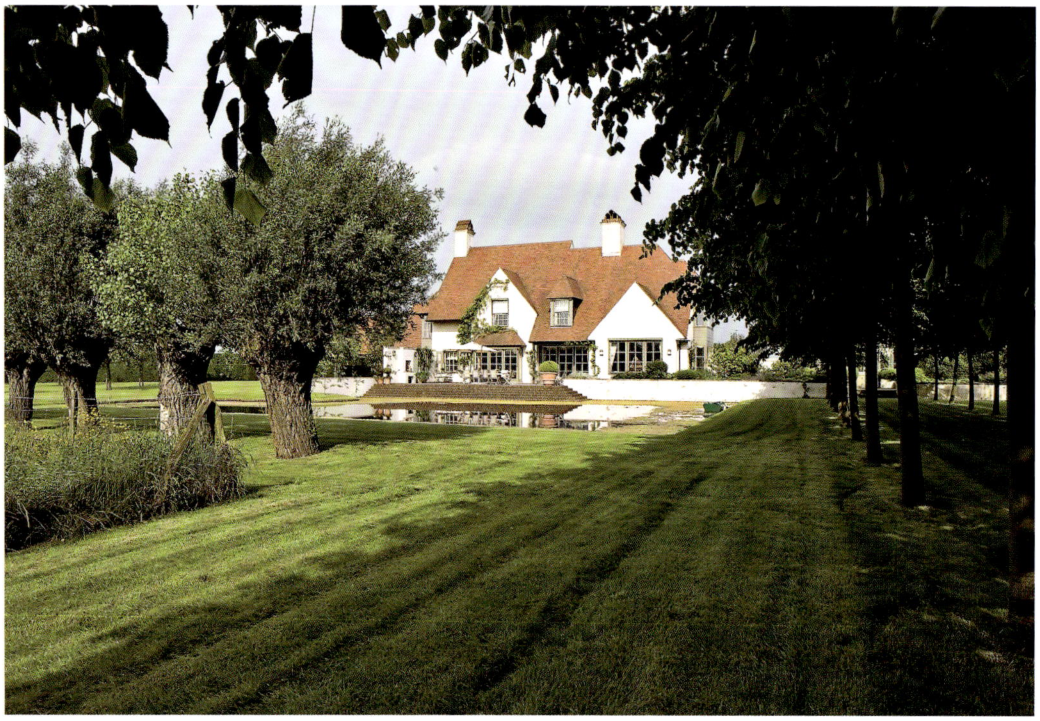

Eine Reihe älterer Kopfweiden trennt das Grundstück vom angrenzenden Weideland.

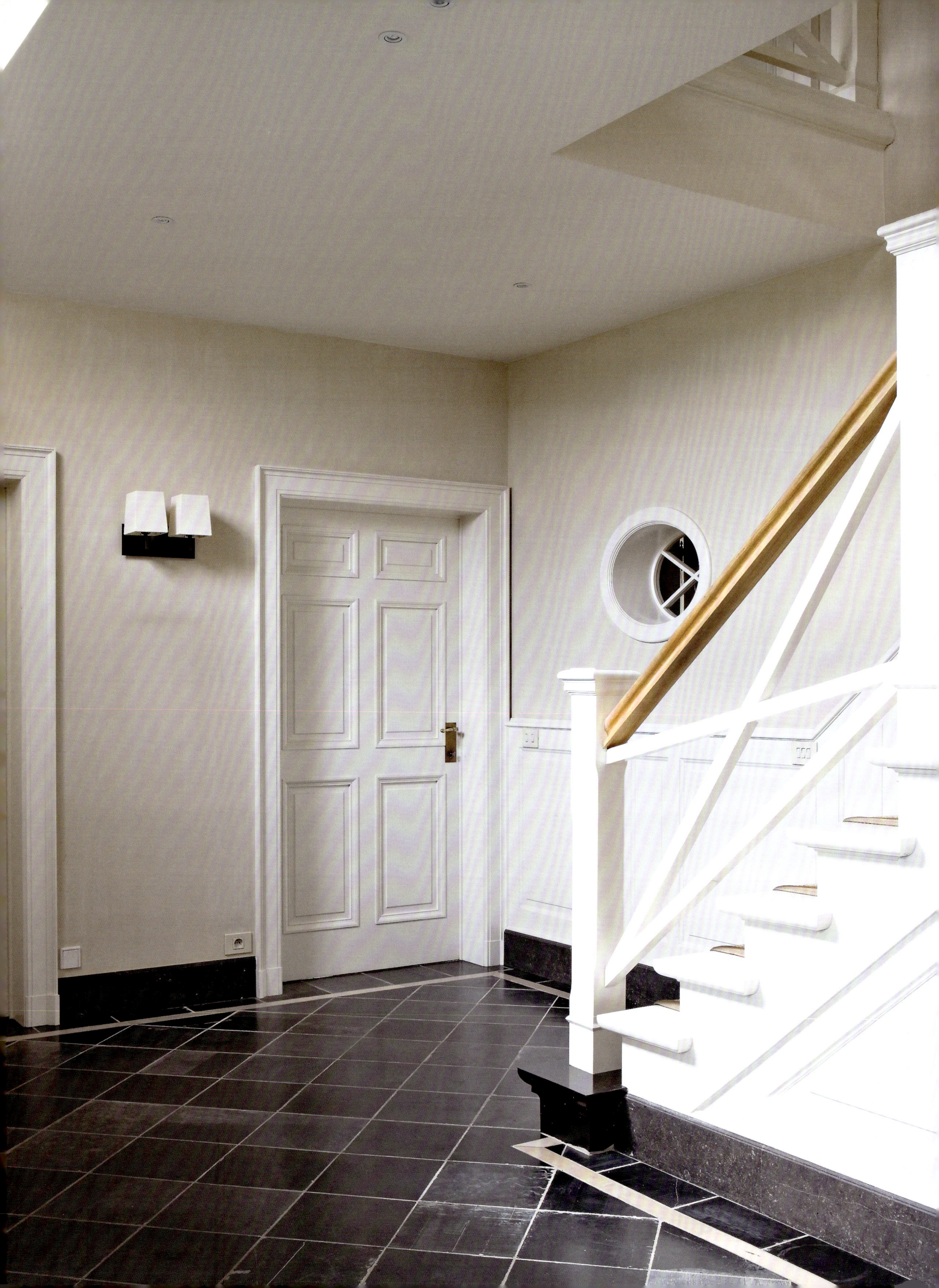

Für die Diele haben die Raumdesignerinnen einen schwarzen Basècles-Kirchenboden mit weißen Natursteinkanten gewählt. Die Treppe aus massiver Eiche erhielt einen weißen Anstrich, der gut mit dem Kalkanstrich der Wände harmoniert. Die Türbeschläge wurden individuell von Vervloet-Faes gefertigt, die Wandleuchten in der Diele stammen von Stéphane Davidts.

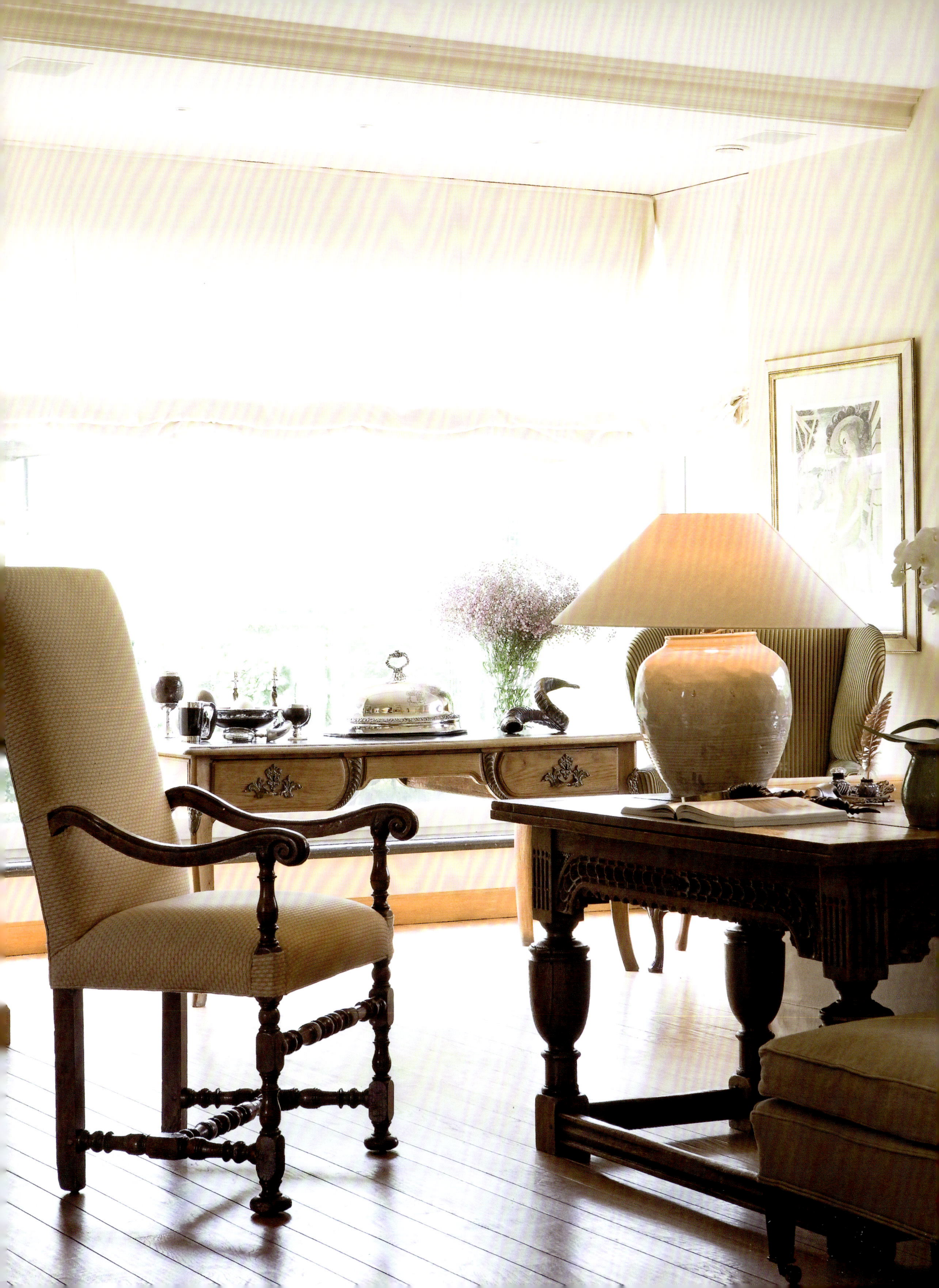

Aus zwei alten Doppelflügeltüren wurden praktische und originelle Einbauschränke mit interessanten Stoffeinsätzen, die einen Teil des Inhalts verdecken.

Unter Faltrollos aus reinem Leinen erstreckt sich ein Eichenboden aus Dielen in unterschiedlichen Breiten.

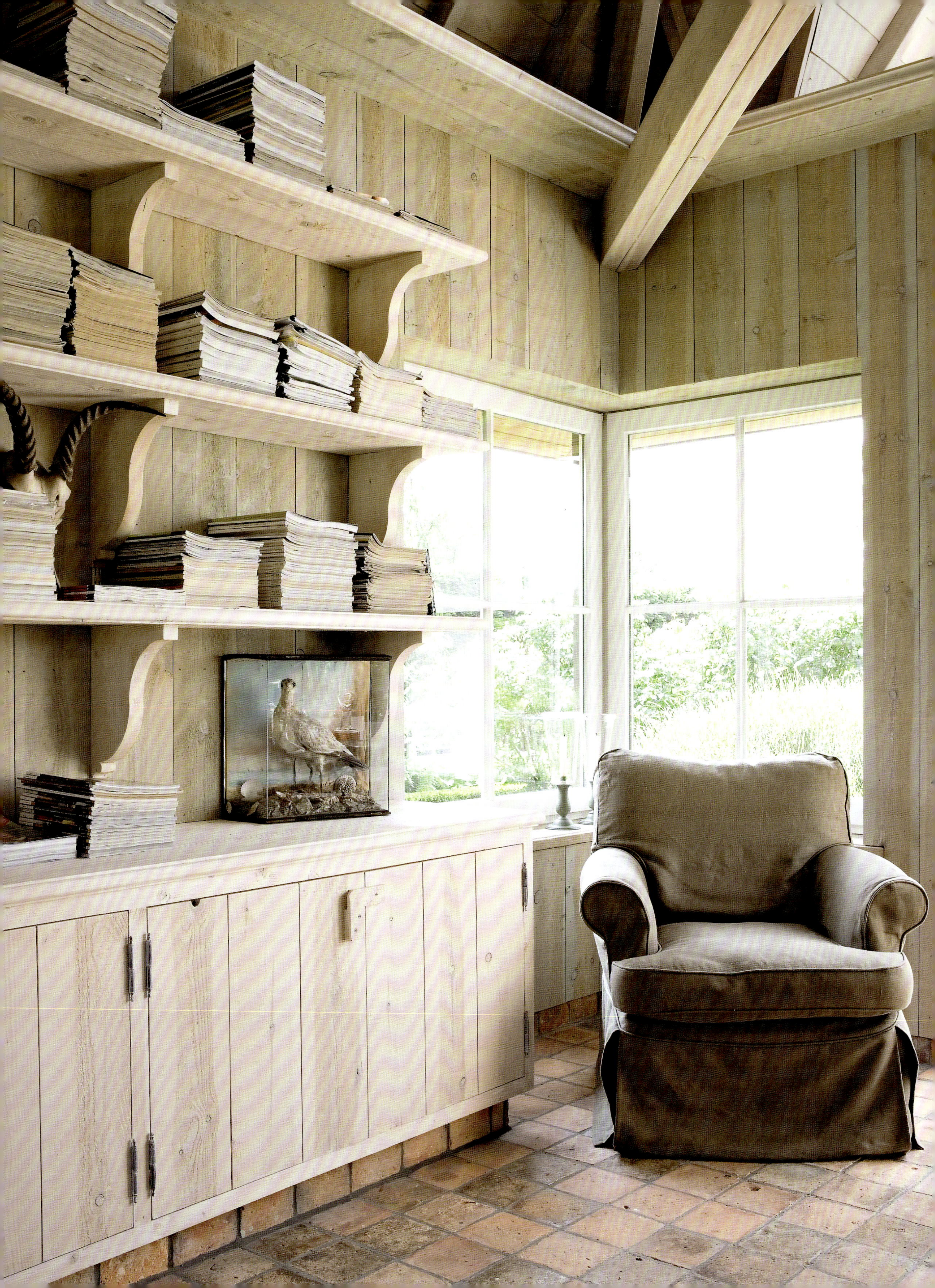

Der Wintergarten erhält durch alte Terrakottafliesen sowie Täfelung und Einbauten aus recycelten, unbehandelten Kiefernholzbrettern seinen rustikalen Charme. Ganz im Sinne dieses Stils bekam der Sessel einen Bezug aus reinem Leinen.

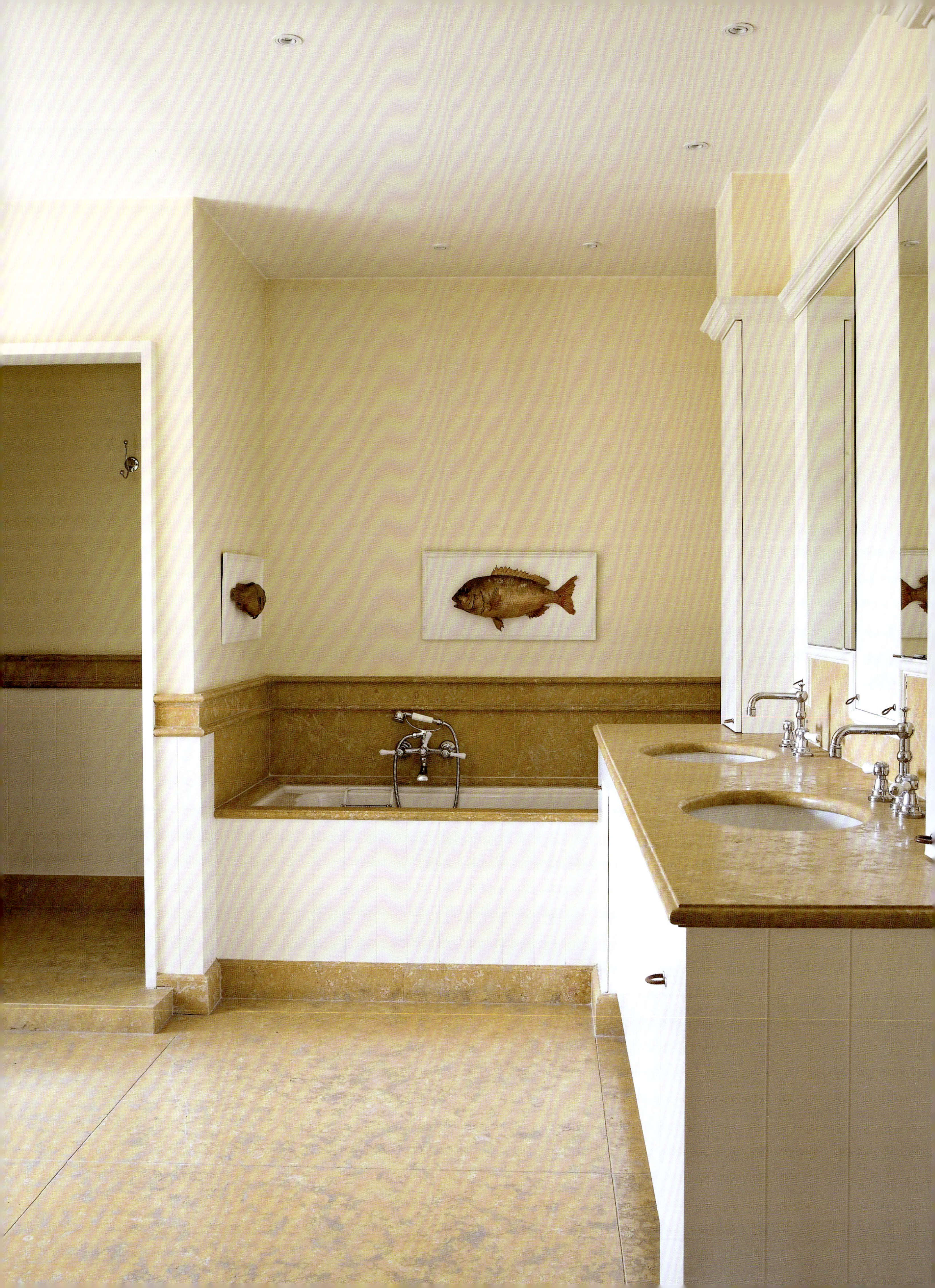

Amarello-Negro-Marmor in einem warmen Honigton wurde für Badezimmerboden, Wannenverkleidung und Waschtisch-Auflage gewählt. Das Eichenparkett im Ankleidezimmer führt dieses Farbthema fort. Auch im Bad wurden die Wände mit Kalkfarbe gestrichen. Eine Wandlampe von Stéphane Davidts erhellt bei Bedarf die Nische unter der Schräge.

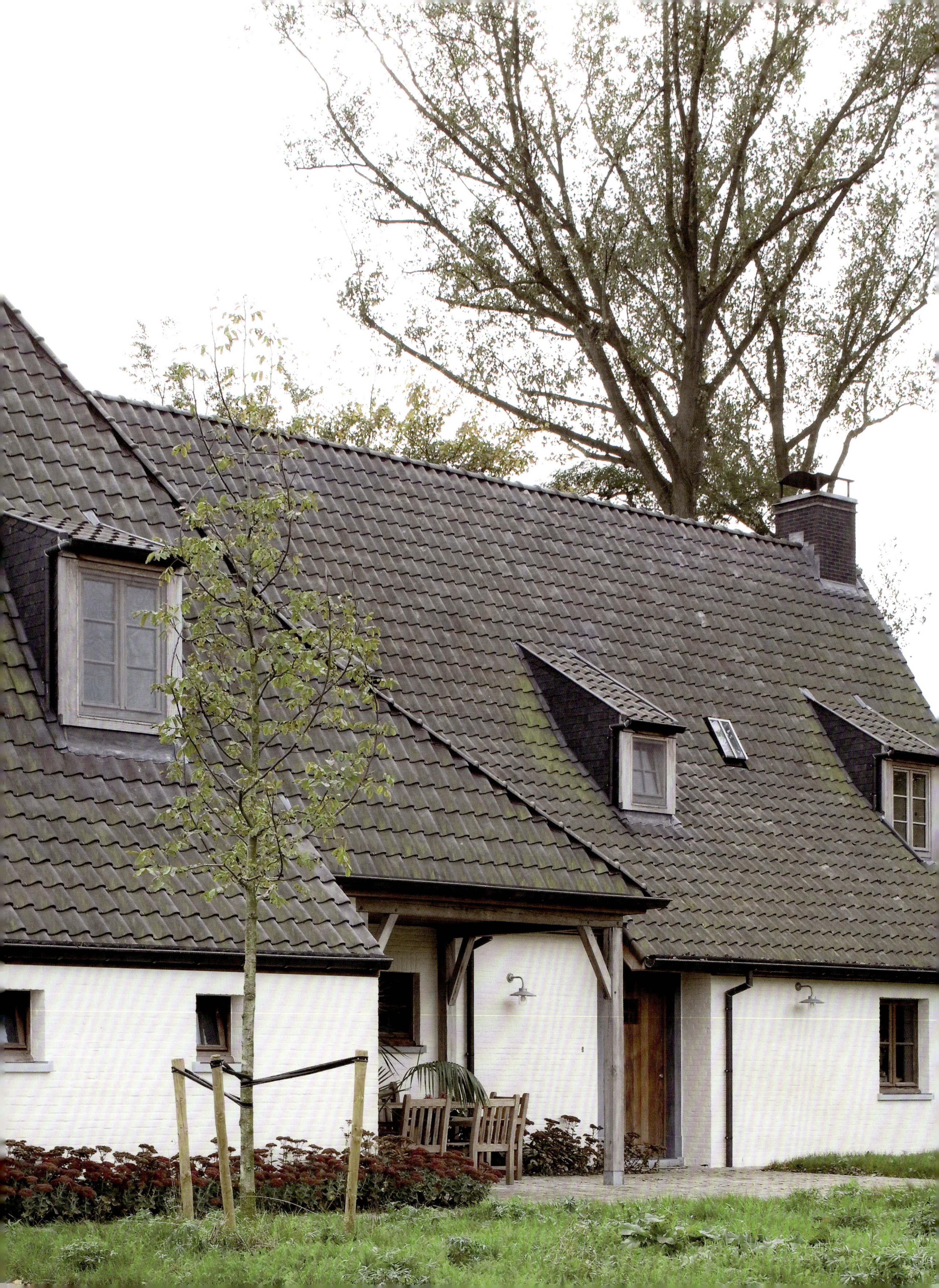

BAUERNHAUS WIRD LANDSITZ: EINE METAMORPHOSE

Aus einem bescheidenen Bauernhof mit einem kleinen Wohntrakt und verschiedenen Stallungen wurde ein bezaubernder Landsitz mit großzügigem Raumangebot. Die erfolgreiche Durchführung dieses anspruchsvollen Vorhabens übernahm das exklusive Bauunternehmen Tradiplan.

Nur die Außenmauern des ursprünglichen Bauernhauses blieben erhalten. Das Gebäude wurde entkernt und im Inneren völlig neu gestaltet, auch aus den ehemaligen Stallungen entstanden im Zuge der Umbauten Wohnräume.

Die Hausbesitzer, die in der Hotelbranche arbeiten, haben ein Faible für Raumdesign. In ihrem eigenen Wohnhaus ist es ihnen gelungen, einen Stil zu verwirklichen, der klassische Zeitlosigkeit und ländliche Schlichtheit in Einklang bringt.

Das Haus mit den weiß verputzten Wänden wurde mit gebrauchten Dachpfannen gedeckt. Mit seinen Fenstern aus Afrormosia-Holz, das wie verwittert aussieht, und den kleinen Dachfenstern aus Stahl wirkt es, als stünde es in dieser Form schon sehr lange hier.

Die Fenster wurden vergrößert, und die ehemaligen Stallungen werden nun als Wohnräume genutzt.

Erholsames Landleben in weiter, unverdorbener Natur.

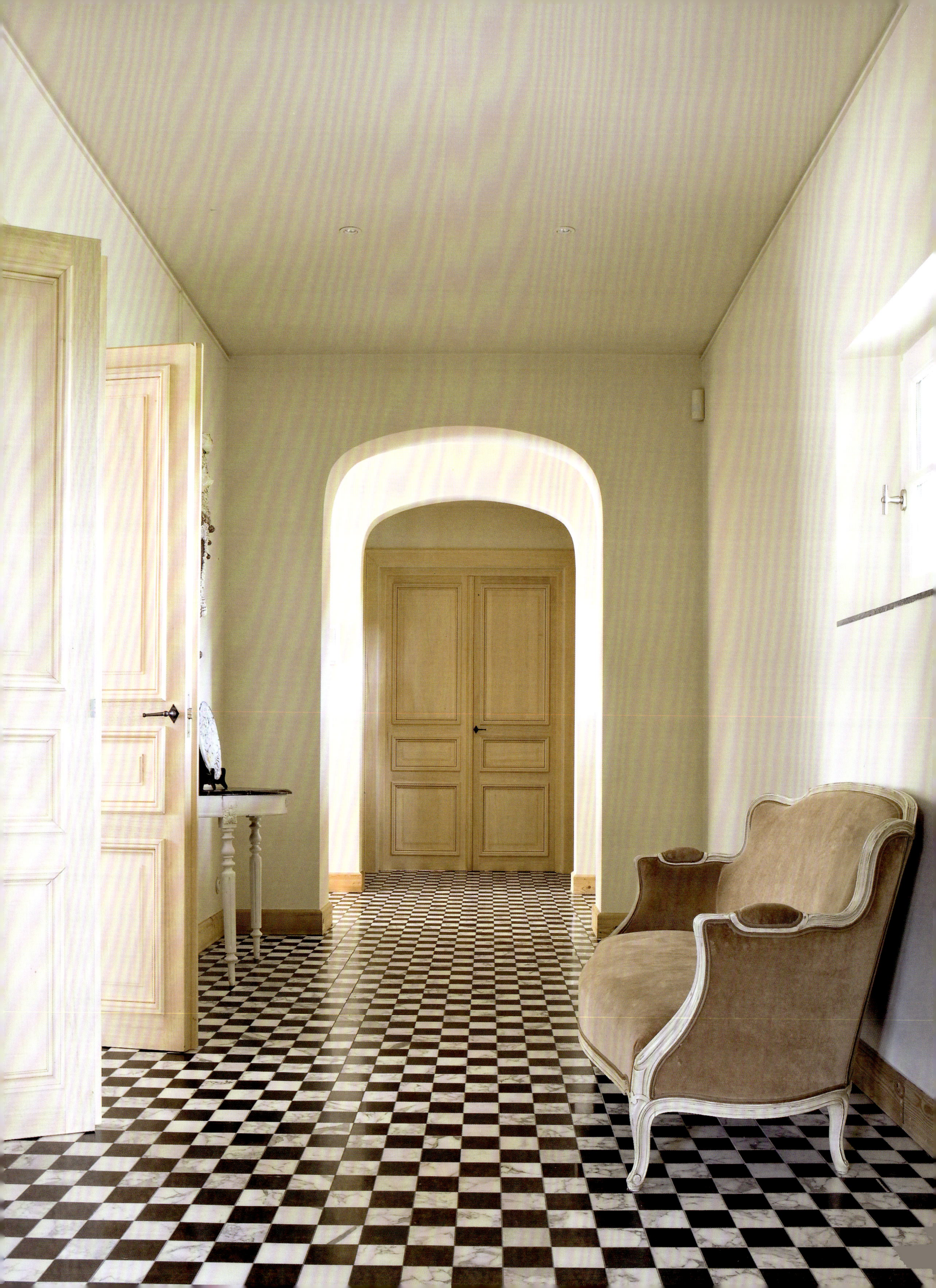

Zwei verschiedene Marmorsorten wurden im Schachbrettmuster verlegt – kleine Fliesen in der Diele, größere im Esszimmer (S. 116–117).

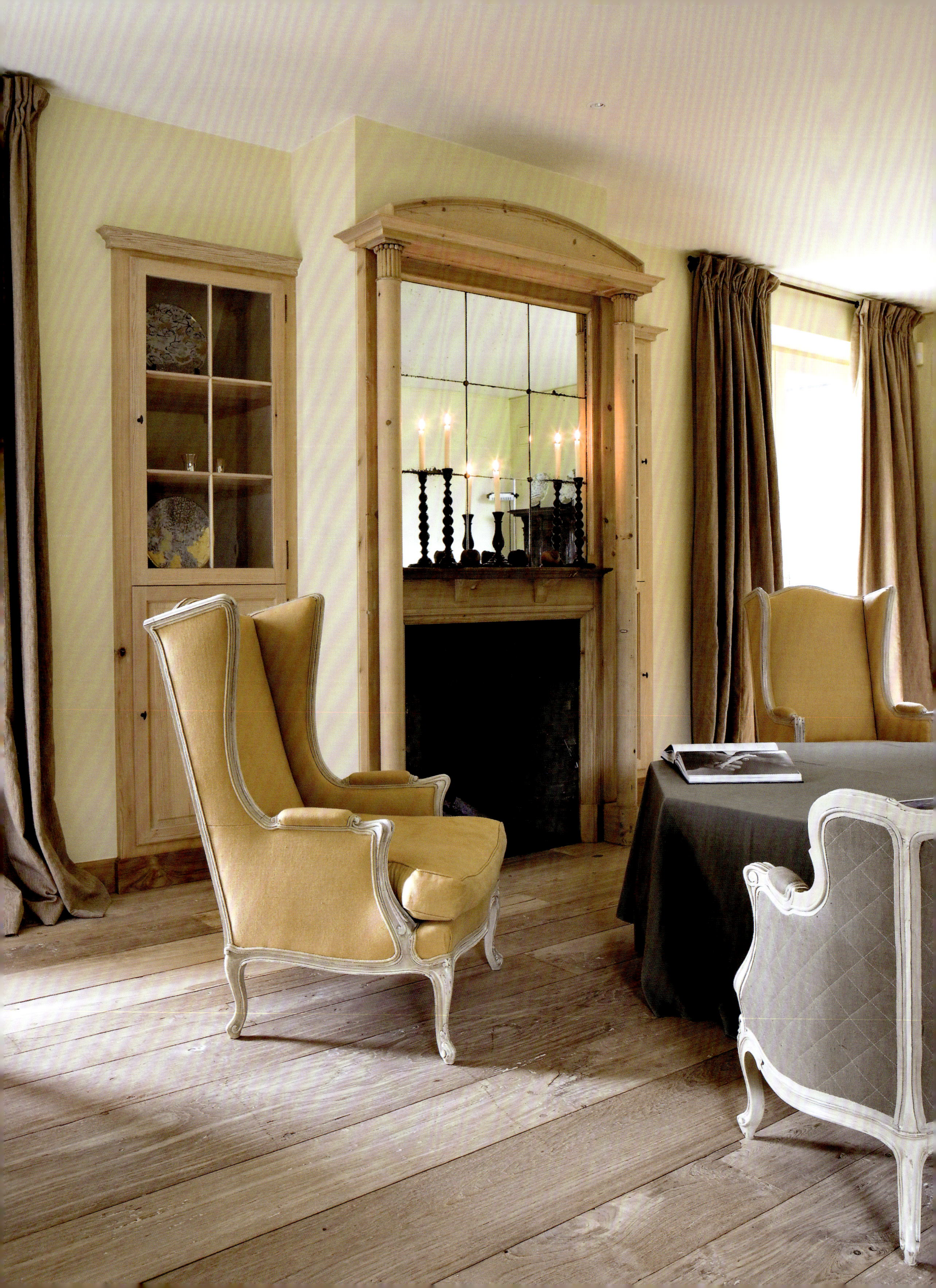

Bodendielen und Fußleisten aus recyceltem Teak.

Der dekorative Kamin und die Einbauschränke, die ihn flankieren, wurden aus recyceltem Kiefernholz gefertigt.

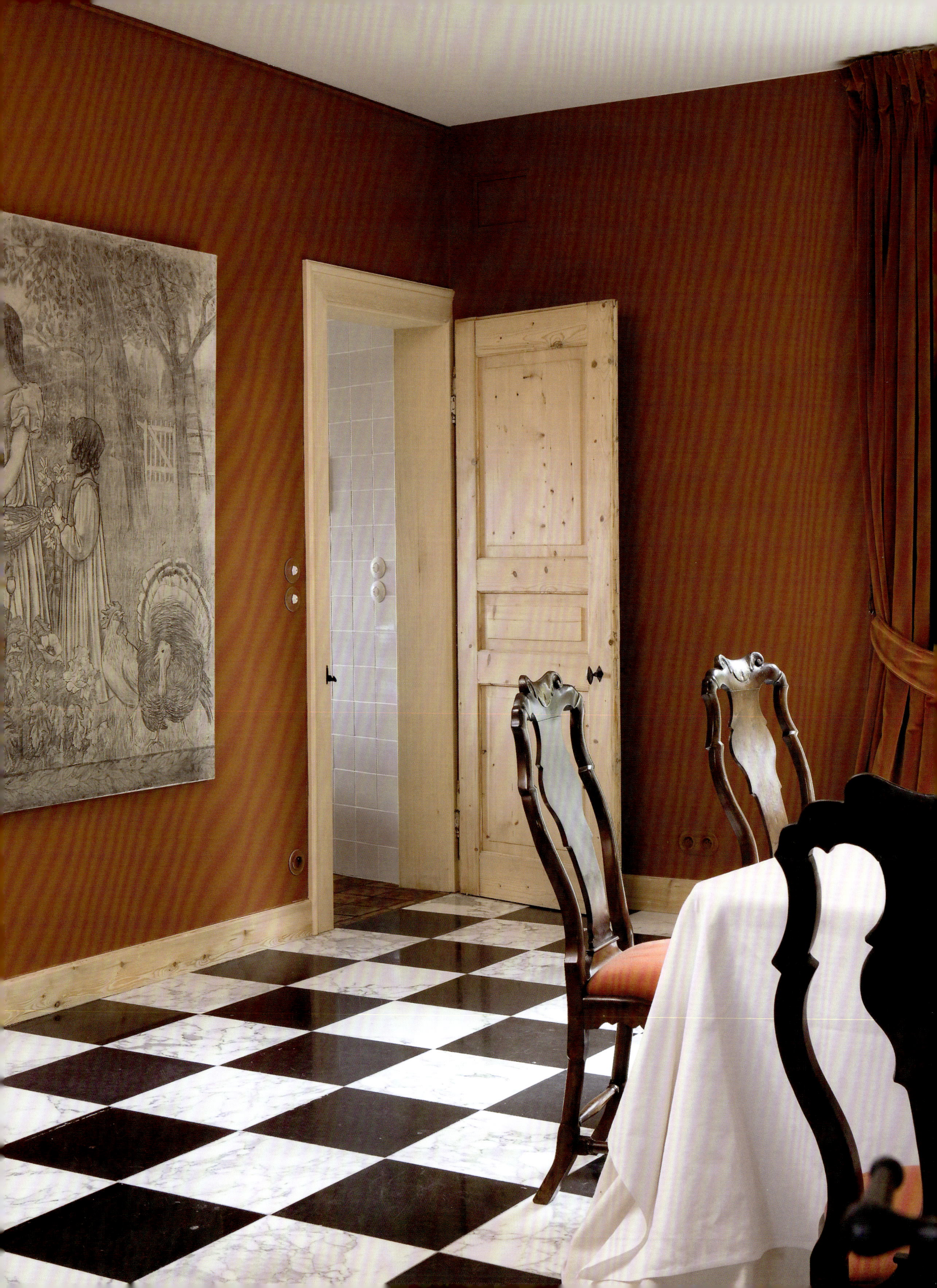

Die wertvollen, antiken Möbel der Besitzer tragen zu dem überaus persönlichen Ambiente des Hauses bei. Bemerkenswert ist auch die Sorgfalt im Detail. Anstelle konventioneller Lichtschalter wurden Repliken von Modellen eingebaut, die früher in alten Bauernhäusern üblich waren.

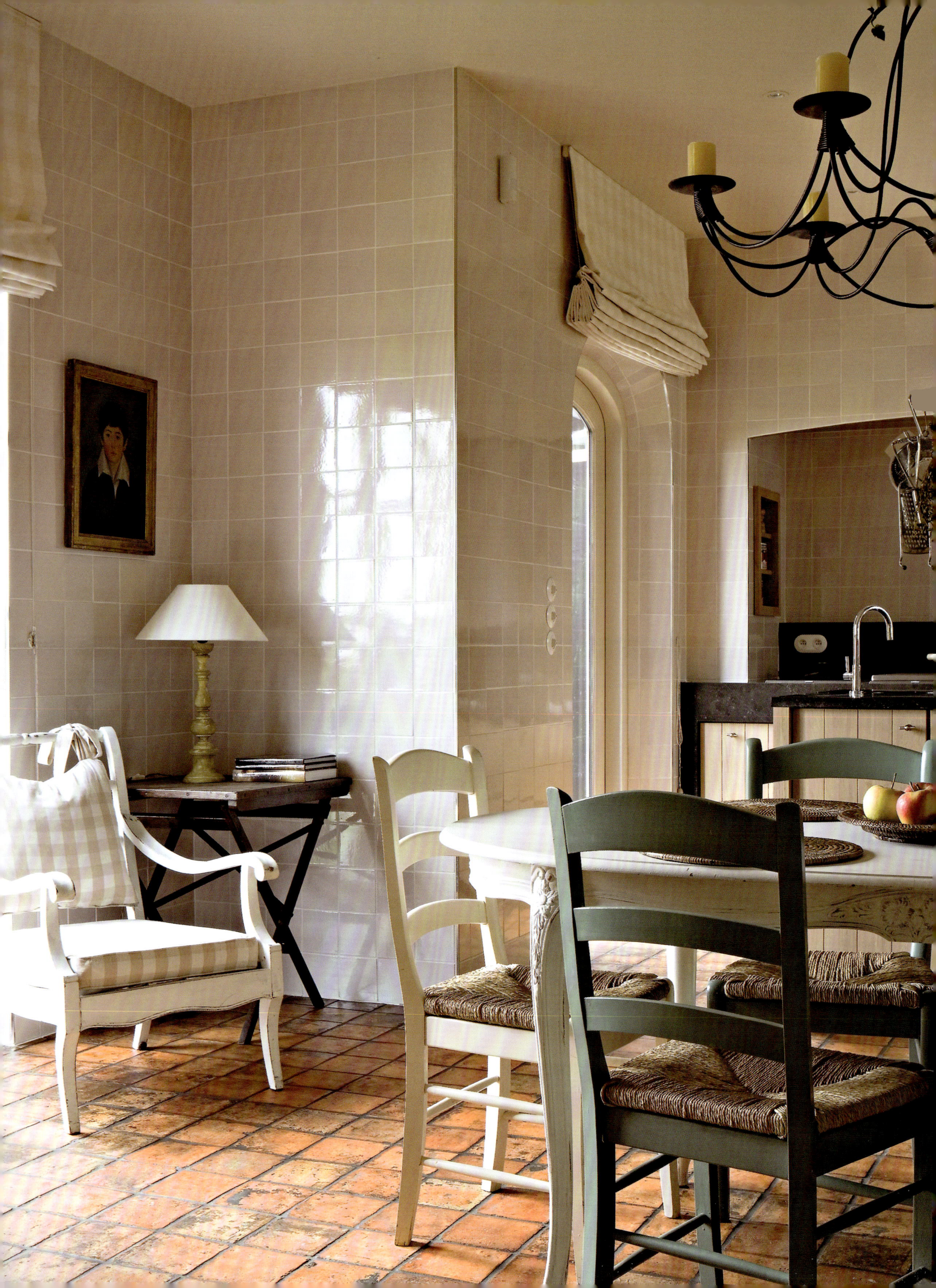

In der Küche wurden alte Terrakottafliesen mit Schrankfronten aus Eiche und Arbeitsplatten aus Naturstein kombiniert. Das Spritzschild hinter dem Herd ist mit antiken niederländischen „Witjes" gefliest.

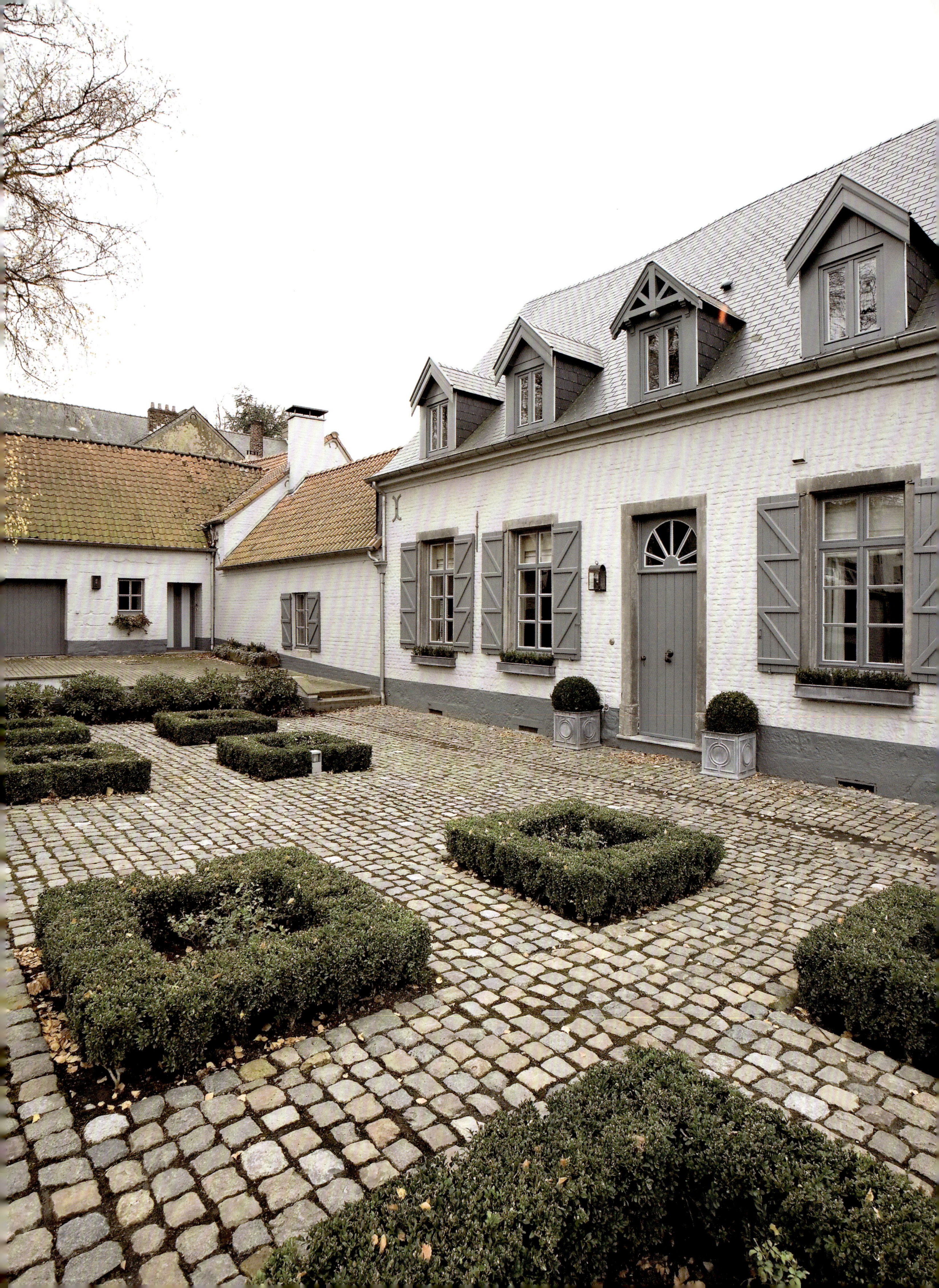

LÄNDLICHER LUXUS

Seit 35 Jahren gehört die Firma b+ villas zu den renommiertesten Bauunternehmen in Belgien und den südlichen Niederlanden.
Ob Neubauvorhaben, Sanierung oder Innenraumgestaltung – das Unternehmen bietet umfassende Projektbetreuung von der Planung über die Umsetzung bis zur Koordination an und legt dabei Wert auf konsequente Realisierung der Kundenwünsche.

Die beiden hier vorgestellten Projekte spiegeln die Philosophie des Unternehmens in eindrucksvoller Weise wider.

Dieses Anwesen liegt mitten in einem historischen Dorf in Waals-Brabant. Es hat einen mittigen Wohntrakt mit typischer, presbyterianischer Aufteilung: Vorn in der Mitte befindet sich die Eingangsdiele, rechts und links davon Zimmer, die Küche liegt nach hinten.
Zwei Schlafzimmer, ein Bad und ein Ankleidezimmer wurden im ersten Stock geschaffen, und im ausgebauten Dachboden konnte Platz für ein Gästezimmer gewonnen werden.
In einem Nebengebäude entstand ein Bürotrakt mit eigenem Eingang. Der Verbindungsbau zwischen Büro und Wohnhaus beherbergt nun einen weiteren Wohnraum mit Blick auf die Terrasse.
Bei den Umbauten wurden nur geringfügige Änderungen an der inneren und äußeren Struktur des Hauses vorgenommen.

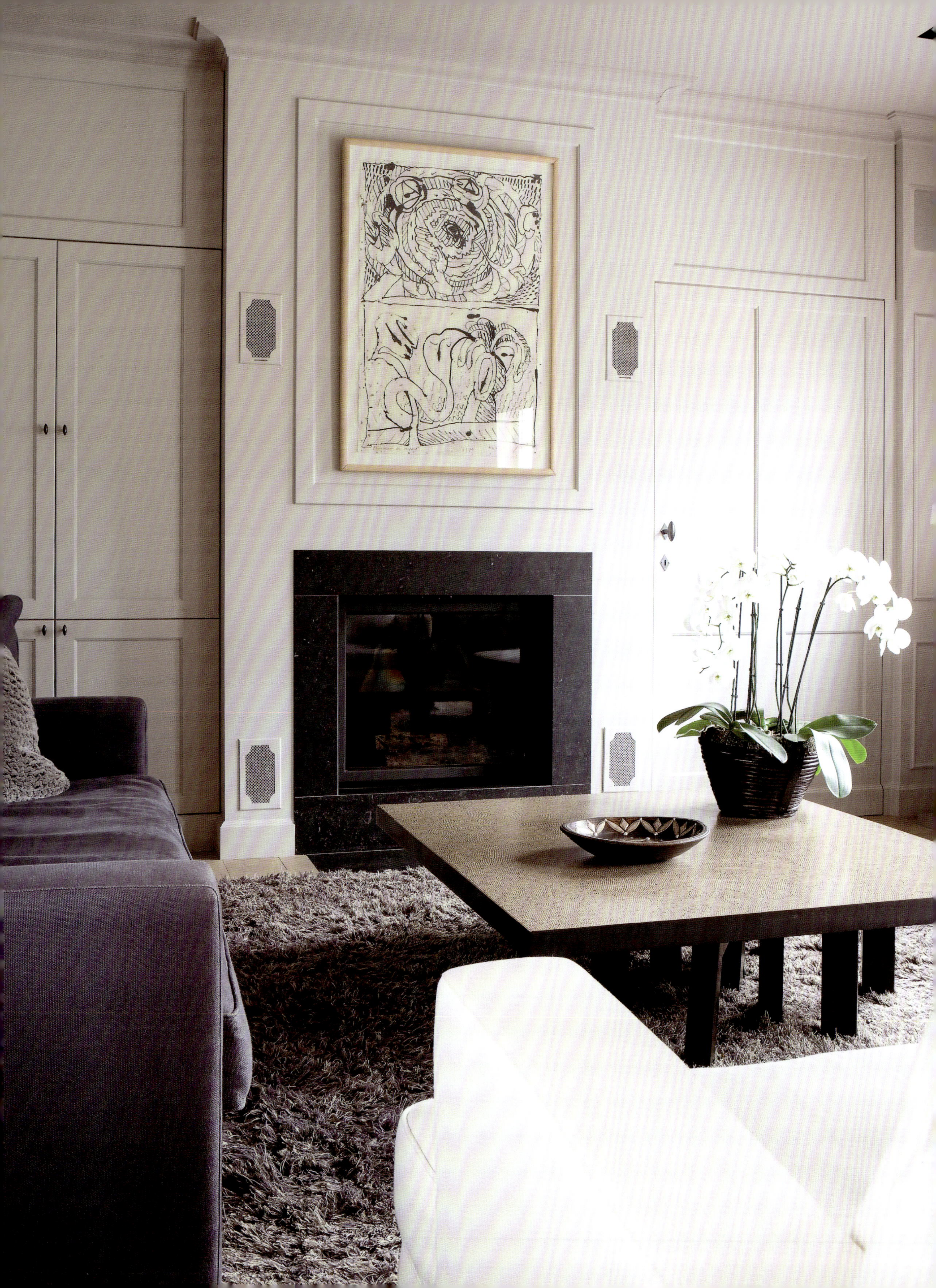

Die Gestaltung der Innenräume übernahm Paul Vaes von b+ interiors.
Di Legno-Holzböden aus alten Eichenbohlen (bis 230 cm lang und 19 cm breit) wurden grau geölt. Ein offener Kamin von Stüv und ein Teppich von LE aus der Kollektion Silex runden das ruhige, edle Ambiente ab.

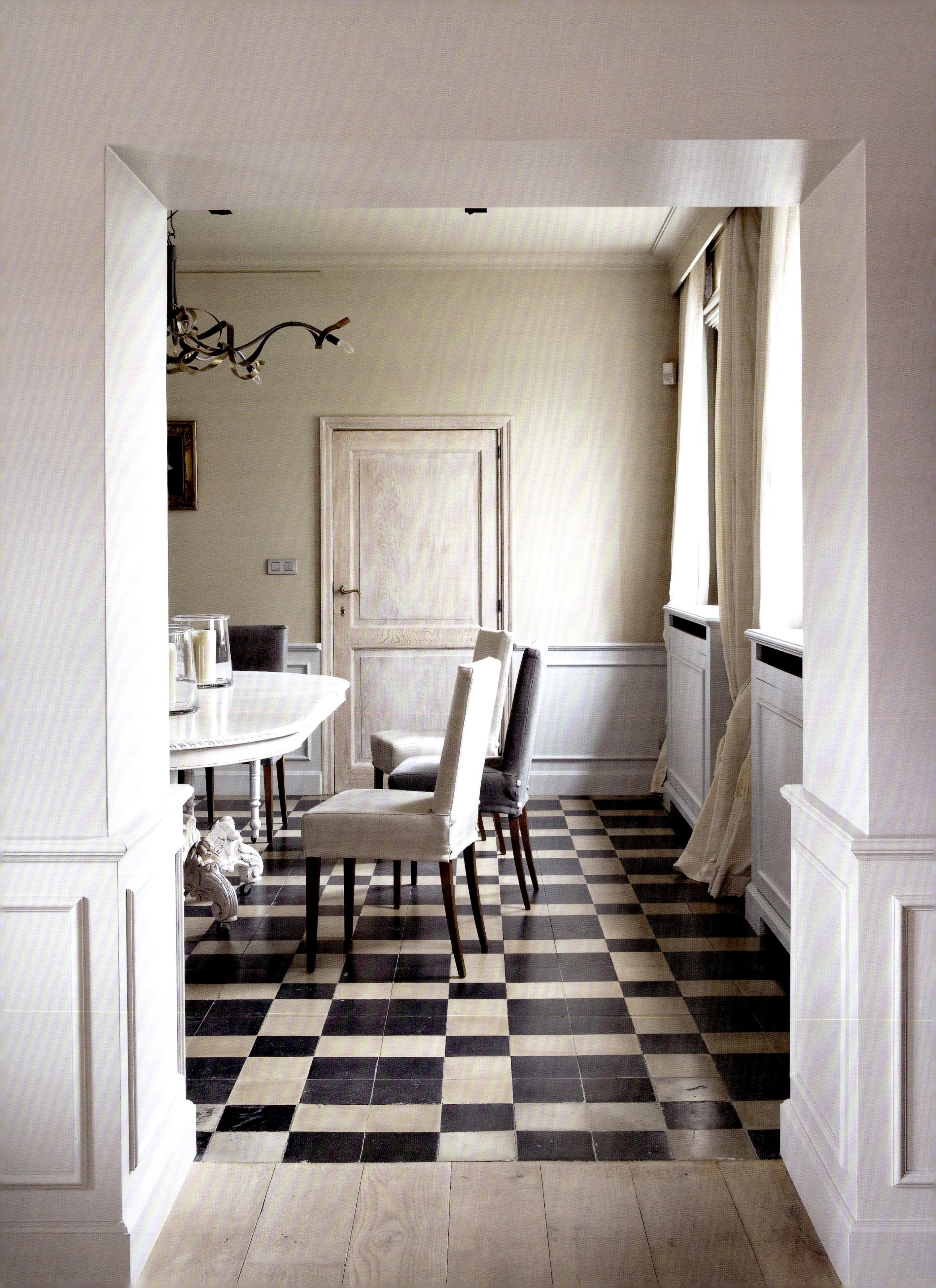

Die Küchenelemente aus Holzfaserplatten mit Melaminbeschichtung haben gestrichene MDF-Fronten.

Für die Arbeitsflächen wurde polierter, blaugrauer Naturstein mit profilierter Kante gewählt.

Die 40 x 40 cm großen, restaurierten Naturstein-Bodenplatten greifen den Farbton der Arbeitsflächen auf.

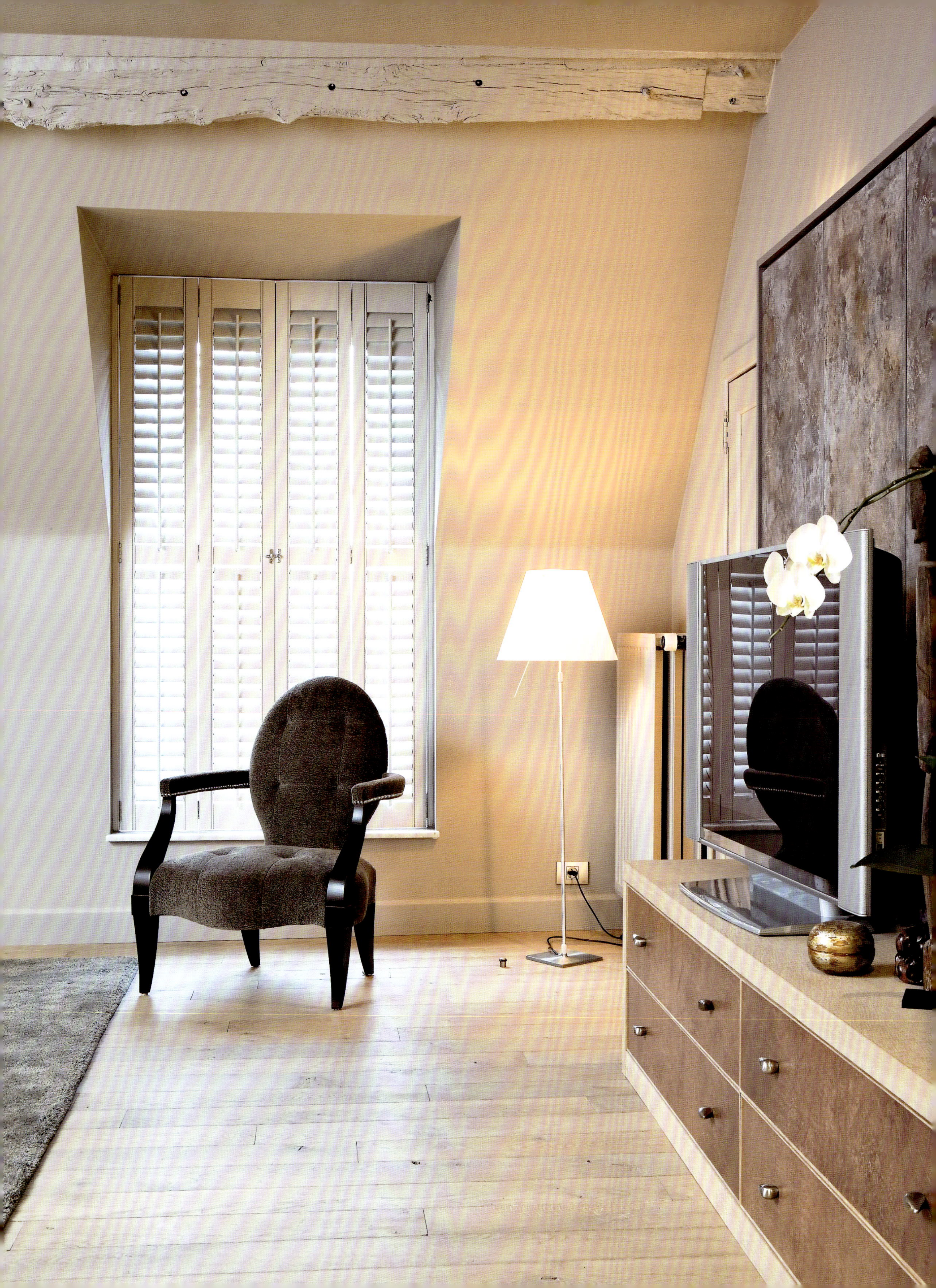

Für das Badezimmer wurde Buxy, ein gelblicher Kalkstein aus Frankreich, als Bodenbelag gewählt.

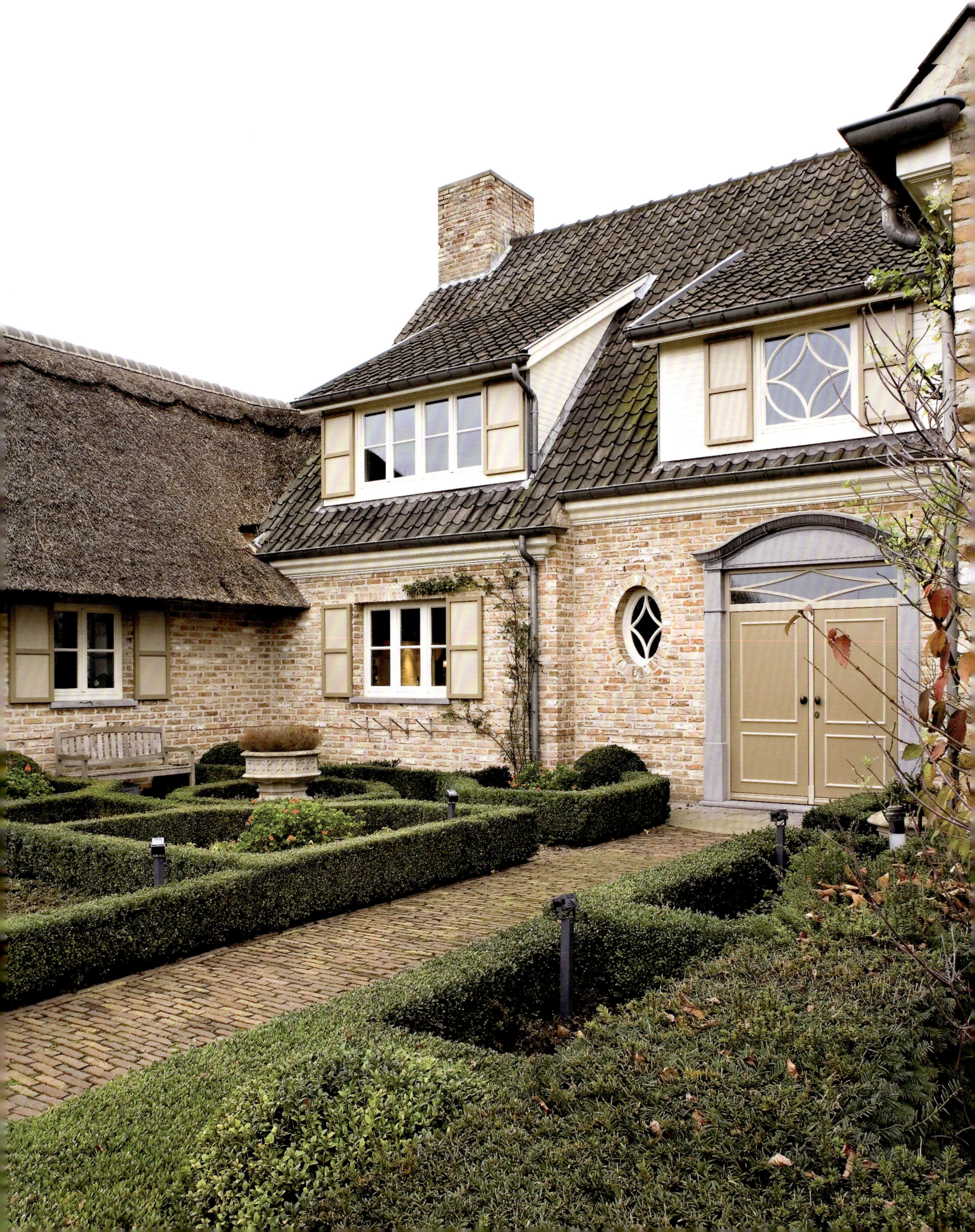

Dieses Landhaus im grünen Randgebiet von Brüssel wurde aus antiken „Brugse mof"-Ziegeln und gebrauchten grauen Boom-Dachpfannen gebaut. Der Swimmingpool ist mit einer Überlaufrinne ausgestattet, die von der Einfassung aus gebürsteten und gesägten Natursteinplatten in hellem Grau verborgen liegt. Die Pooltechnik wurde im Keller des Poolhauses untergebracht.

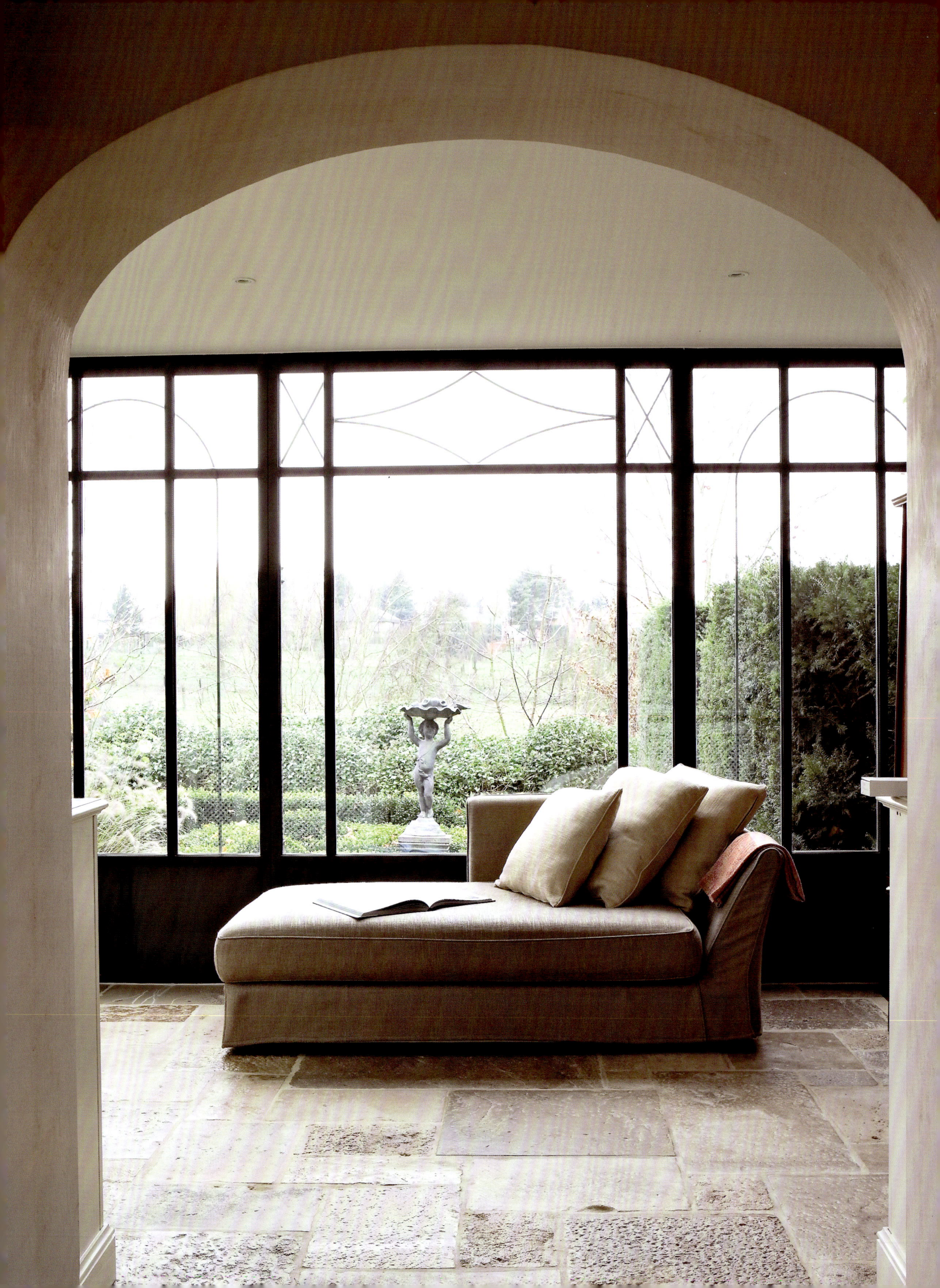

Eingangsdiele und Wohnbereich sind einheitlich mit antiken Natursteinplatten ausgelegt.

Die Kücheninsel hat eine Arbeitsfläche aus Jasberg-Granit. Als Bodenbelag für die Küche wurde irischer Naturstein in Blaugrau gewählt.

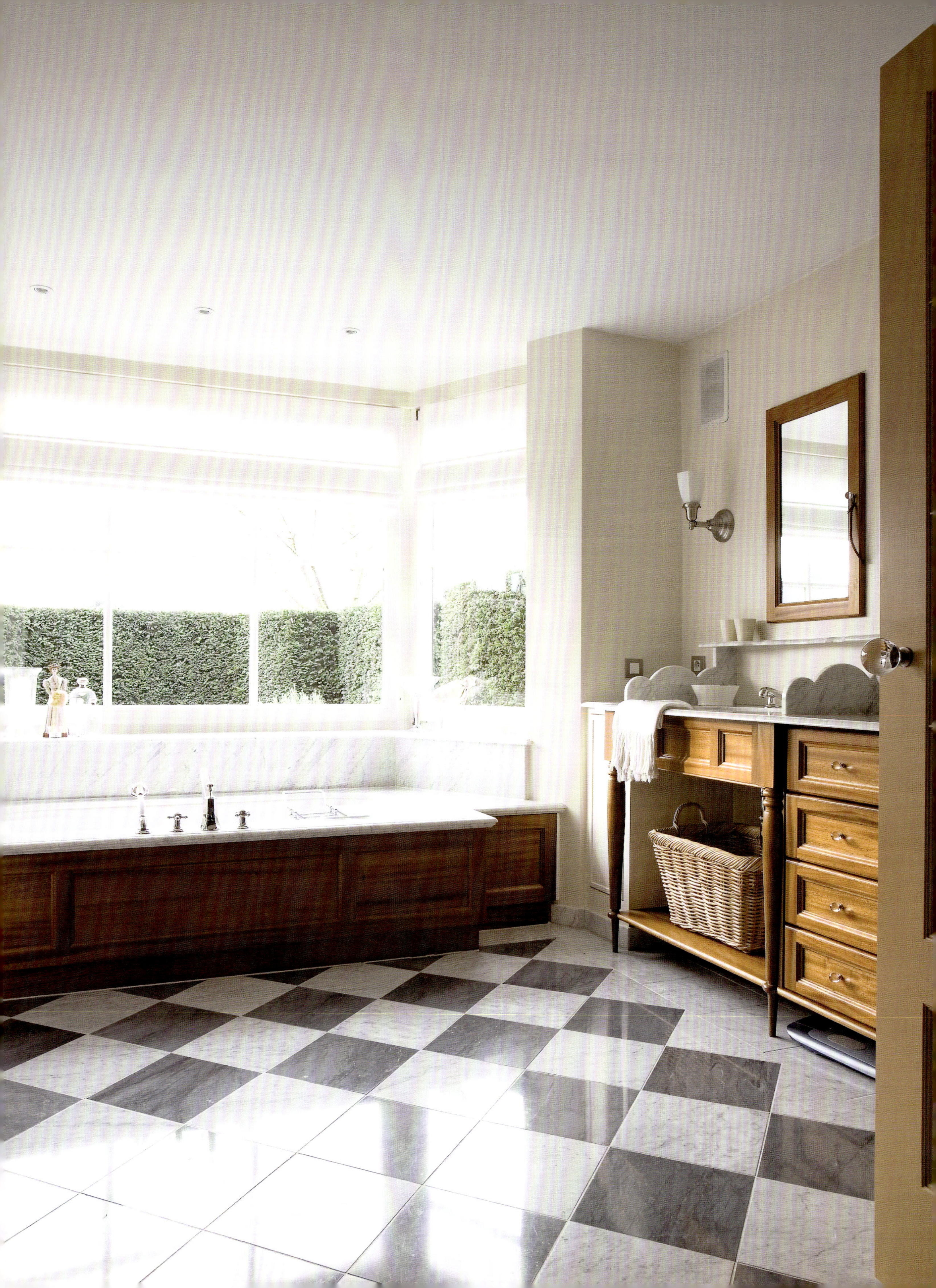

Zweierlei Marmor – Carrara und Bardiglio – wurden im Bad diagonal im Schachbrettmuster verlegt.

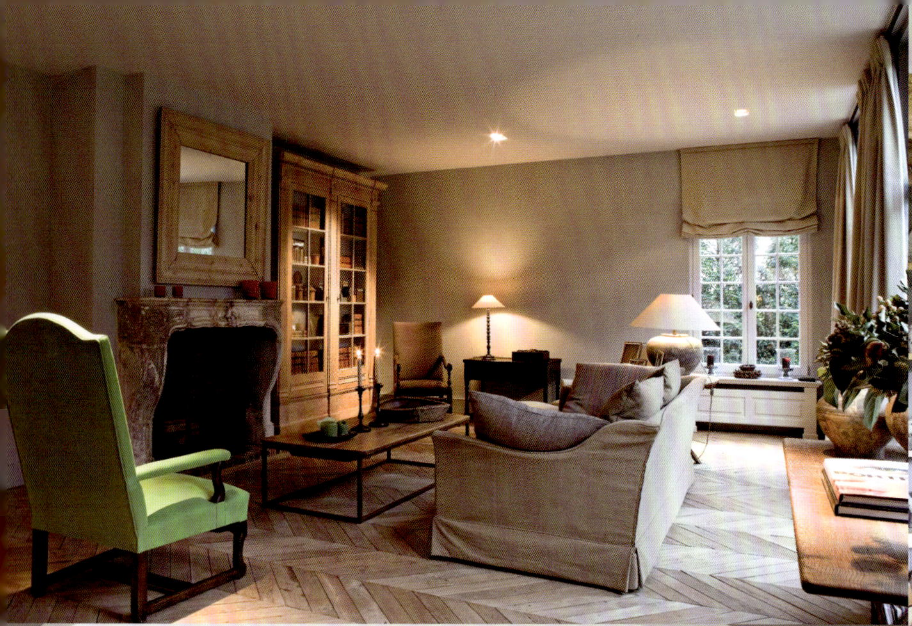
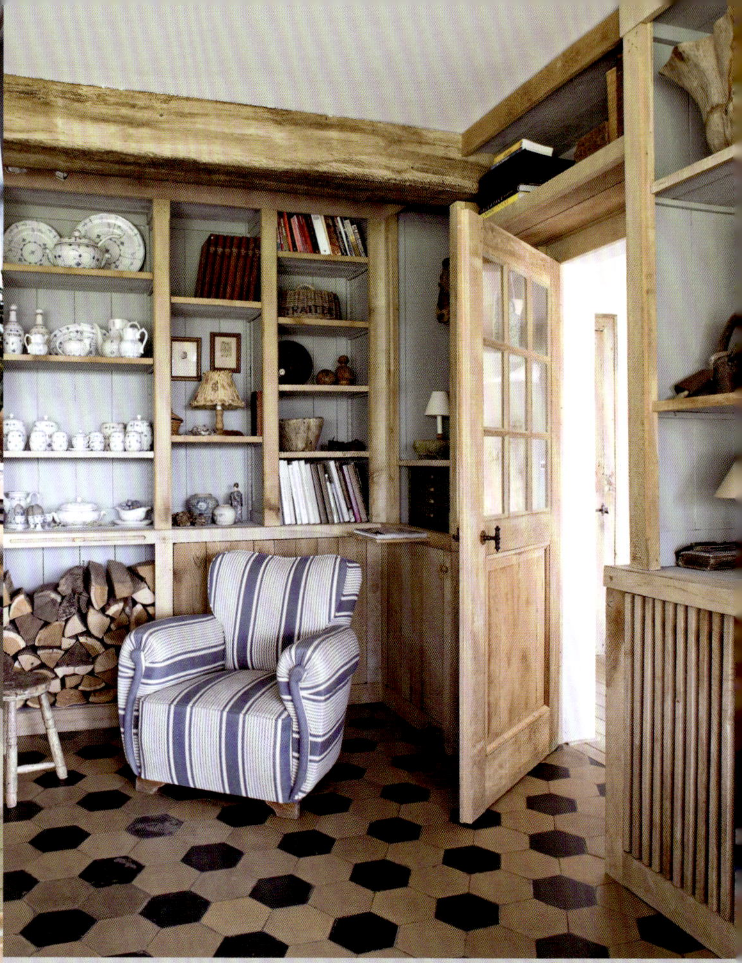
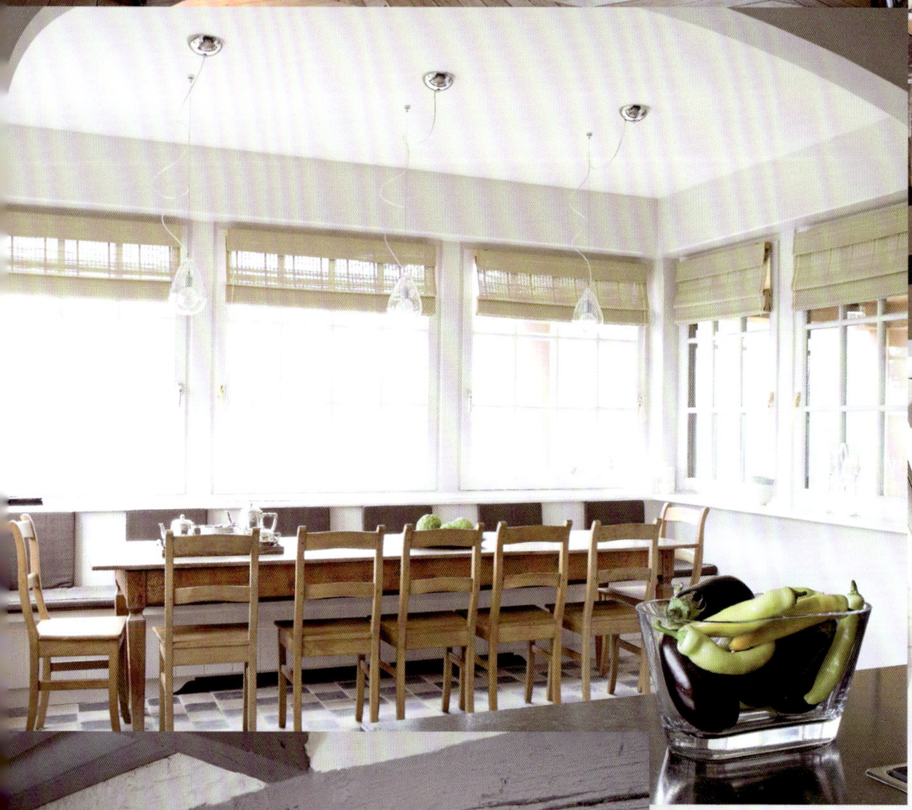
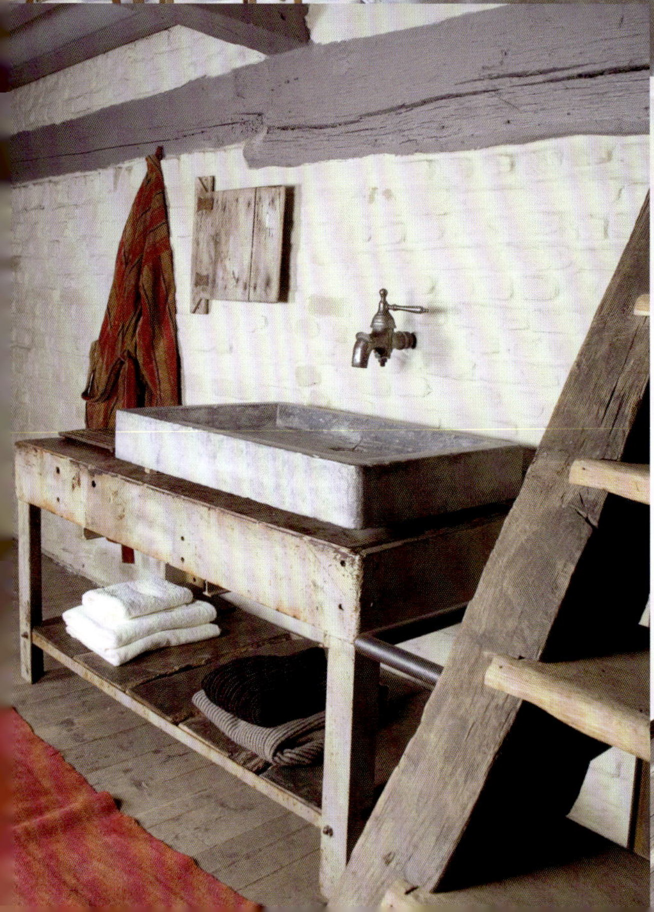
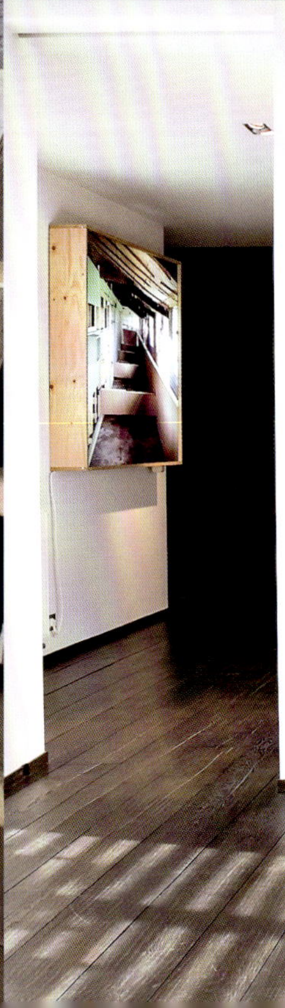
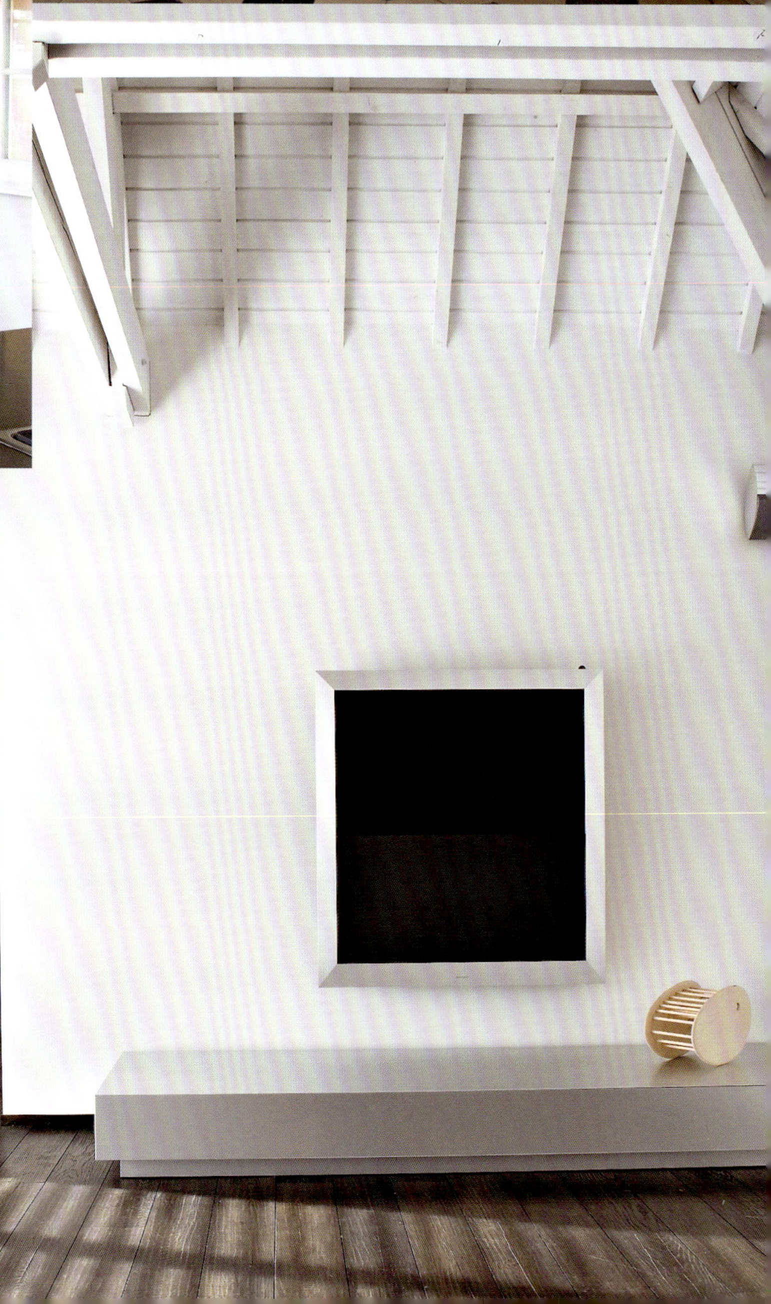

TEIL II

COUNTRY-AMBIENTE

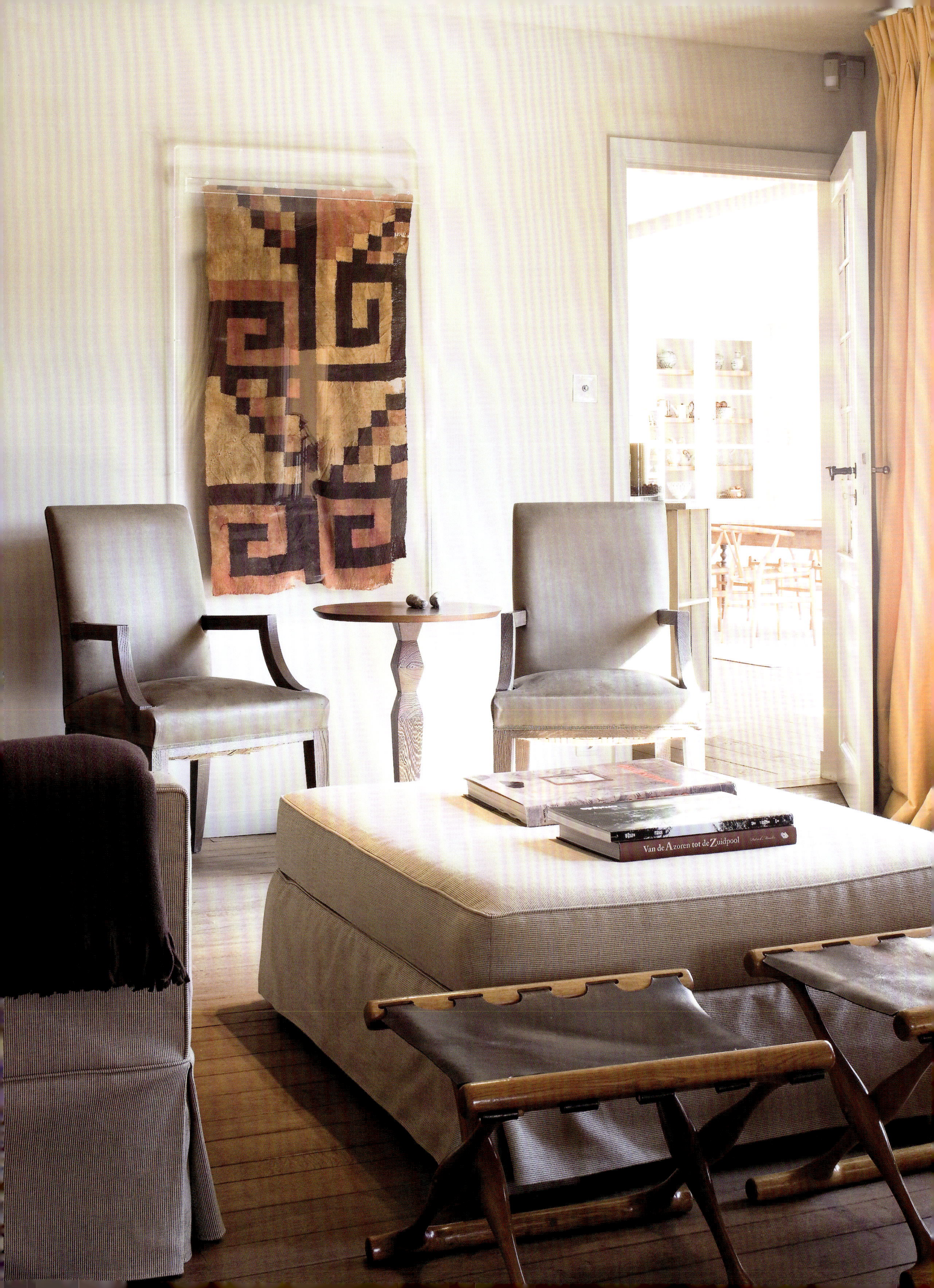
Van de Azoren tot de Zuidpool

ETHNISCHE EINFLÜSSE IM DIALOG MIT MODERNER KUNST

Typisch für die Projekte der Innenarchitektin Annick Colle ist das faszinierende Spiel mit offensichtlichen Kontrasten.
Mit sicherer Hand mixt die Innenarchitektin Antiquitäten aus den verschiedensten Kulturen mit modernem Design und zeitgenössischer Kunst. Trotz der vermeintlichen Widersprüchlichkeit entsteht dabei eine Atmosphäre, die Ruhe und Wärme vermittelt. Das hier vorgestellte Projekt bringt ihren Gestaltungsstil in überzeugender Weise zum Ausdruck.

Annick Colle leitet ein Innenarchitektur-Atelier mit mehreren Mitarbeitern. Klienten empfängt sie in der zwanglosen Umgebung ihres eigenen Hauses.
Bei ihren Projekten steht sie stets im engen Kontakt mit ihren Auftraggebern und achtet darauf, den heutigen Ansprüche an Wohnkomfort gerecht zu werden.

Ein präkolumbianischer Wandbehang aus der Region um Nazca, Peru (ca. 2000 v.Chr.)

Zwei Sessel aus grünem Büffelleder flankieren einen Wengé-Tisch von Liaigre.

Die beiden dänischen Hocker aus Rosenholz und schwarzem Leder im Vordergrund sind fast schon Designklassiker: Sie wurden in den 1950er-Jahren von Paul Hundevad entworfen. Gekauft bei Philippe Denys.

Durch die Tür rechts im Hintergrund sieht man das Esszimmer mit Stühlen von Hans Wegner.

S. 138–139
Eine Lampe von Liaigre auf einer Konsole. Foto von Miguel Rio Branco.

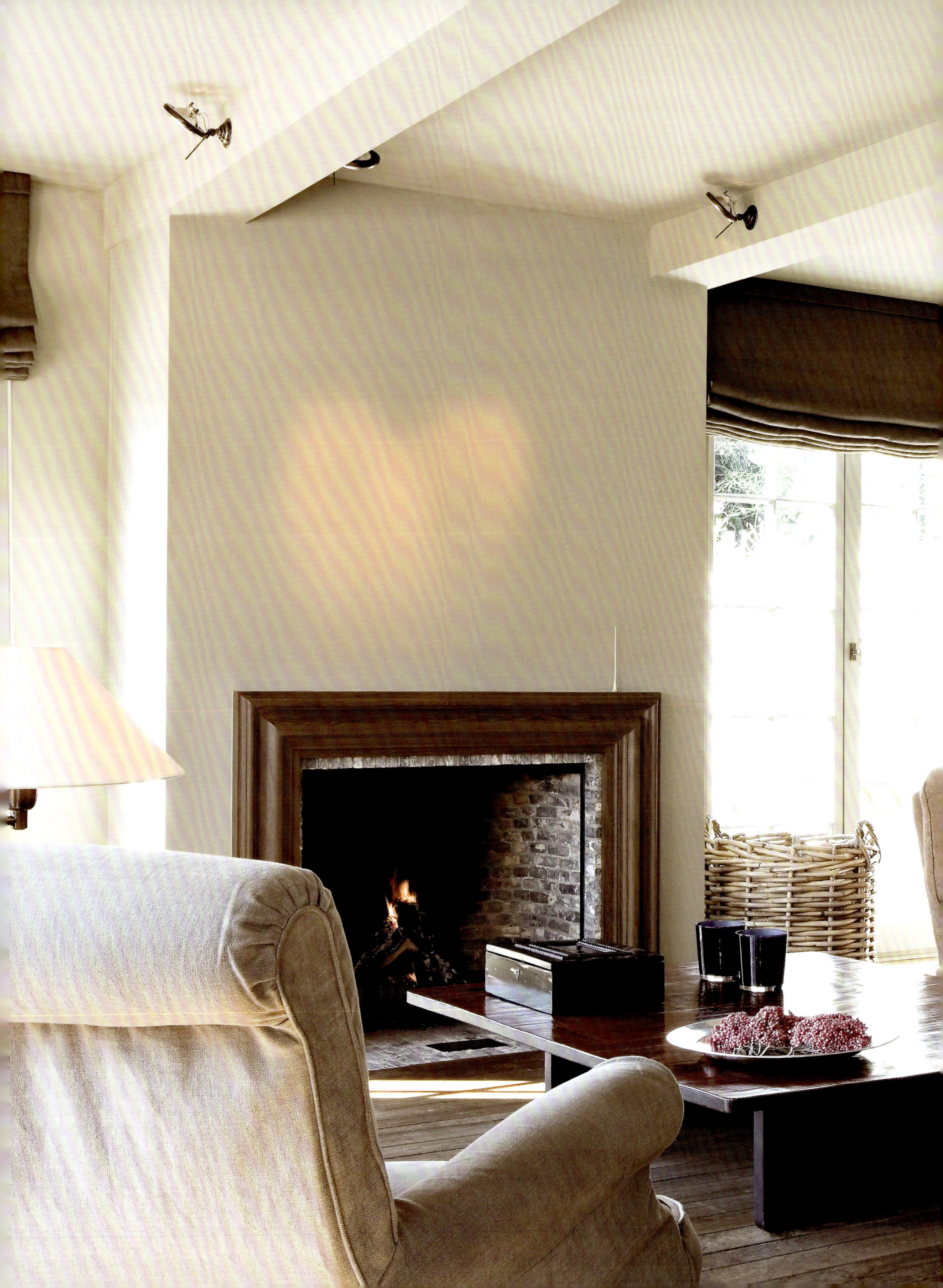

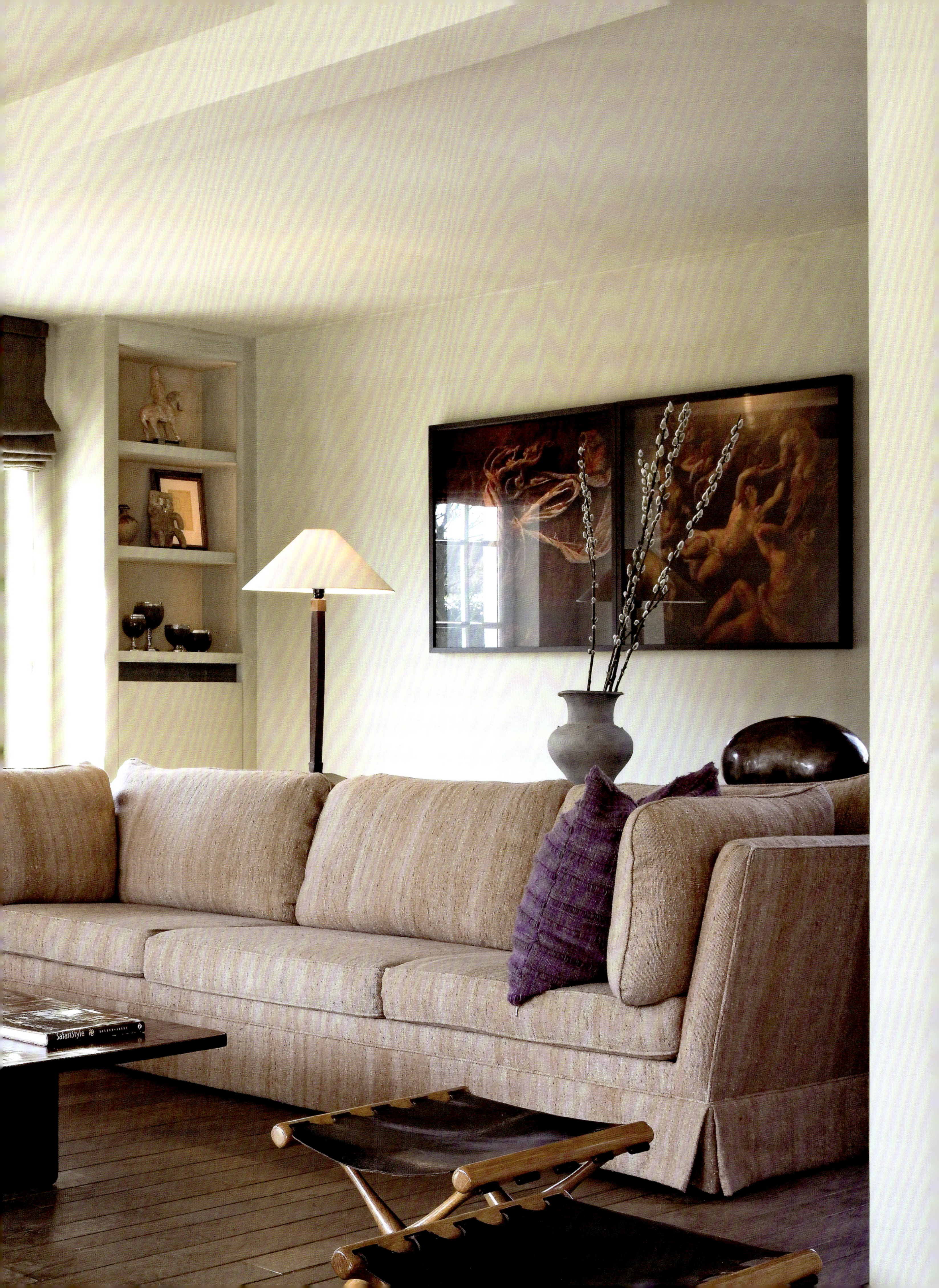
SafariStyle

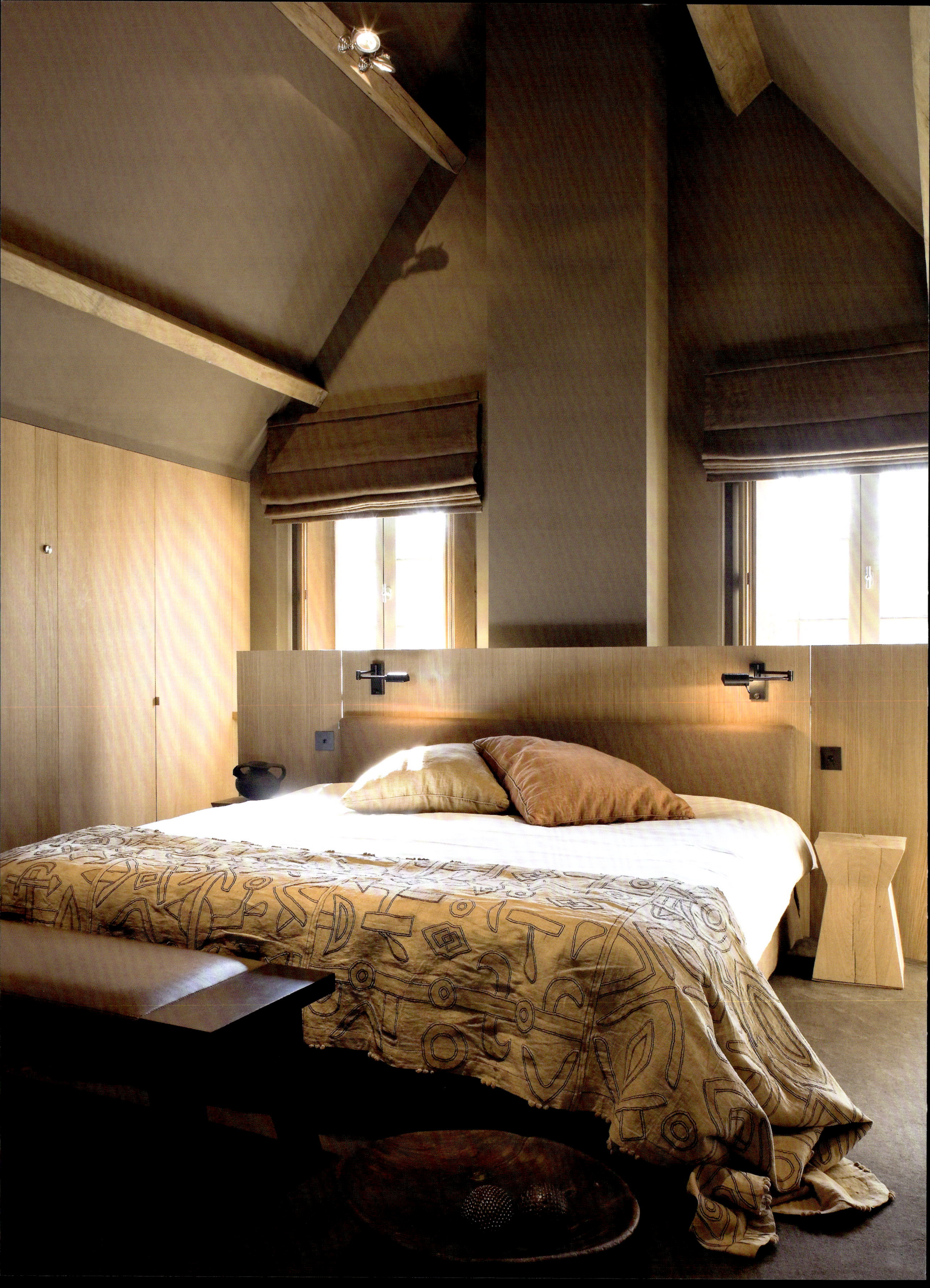

Das Badezimmer mit dunklem
Tadelakt-Fußboden, verspiegelten
Einbauschränken an der Wand
und Armaturen von Dornbracht.
Die Abdeckungen von Wanne und
Waschtisch bestehen aus antikem
Azul Fatima-Stein. Die Unterschränke
haben Fronten aus massiver,
gebürsteter und antikisierter Eiche.

Die Fronten der Einbauschränke im Schlafzimmer
und das Kopfteil des Betts wurden aus gebürsteter,
lasierter massiver Eiche gefertigt.
Nachttisch und Hocker von Liaigre, Leuchten von
S. Davidts. Als Bettüberwurf dient ein afrikanischer
Stoff.

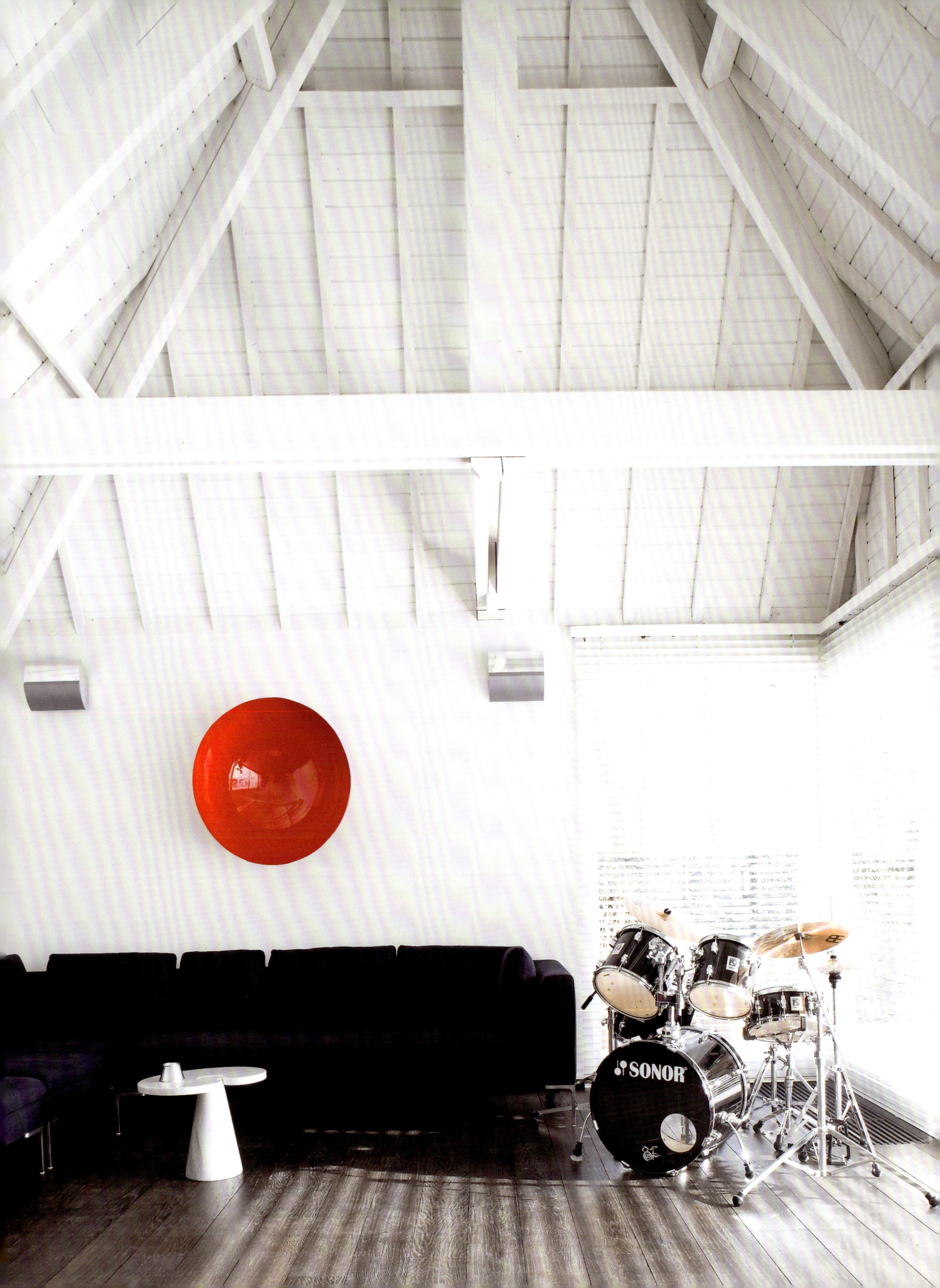
SONOR

Als Blickfang mitten auf der Wand ein Beovision-Plasma-Fernseher von B&O. Das Eichenparkett in diesem Bereich wurde dunkel gebeizt. Links im Hintergrund ein Kunstwerk von Jan Decock.

S. 142

Weiße Jalousien filtern das Licht, das in das Poolhaus fällt. Hier wurde ein Vielzweckraum für die heranwachsenden Kinder eingerichtet. Das rote Kunstobjekt an der Wand stammt von Anne Veronica Janssens. Sitzelemente von B&B Italia nehmen eine Ecke ein, davor steht ein weißer Carrara-Tisch von Skipper.

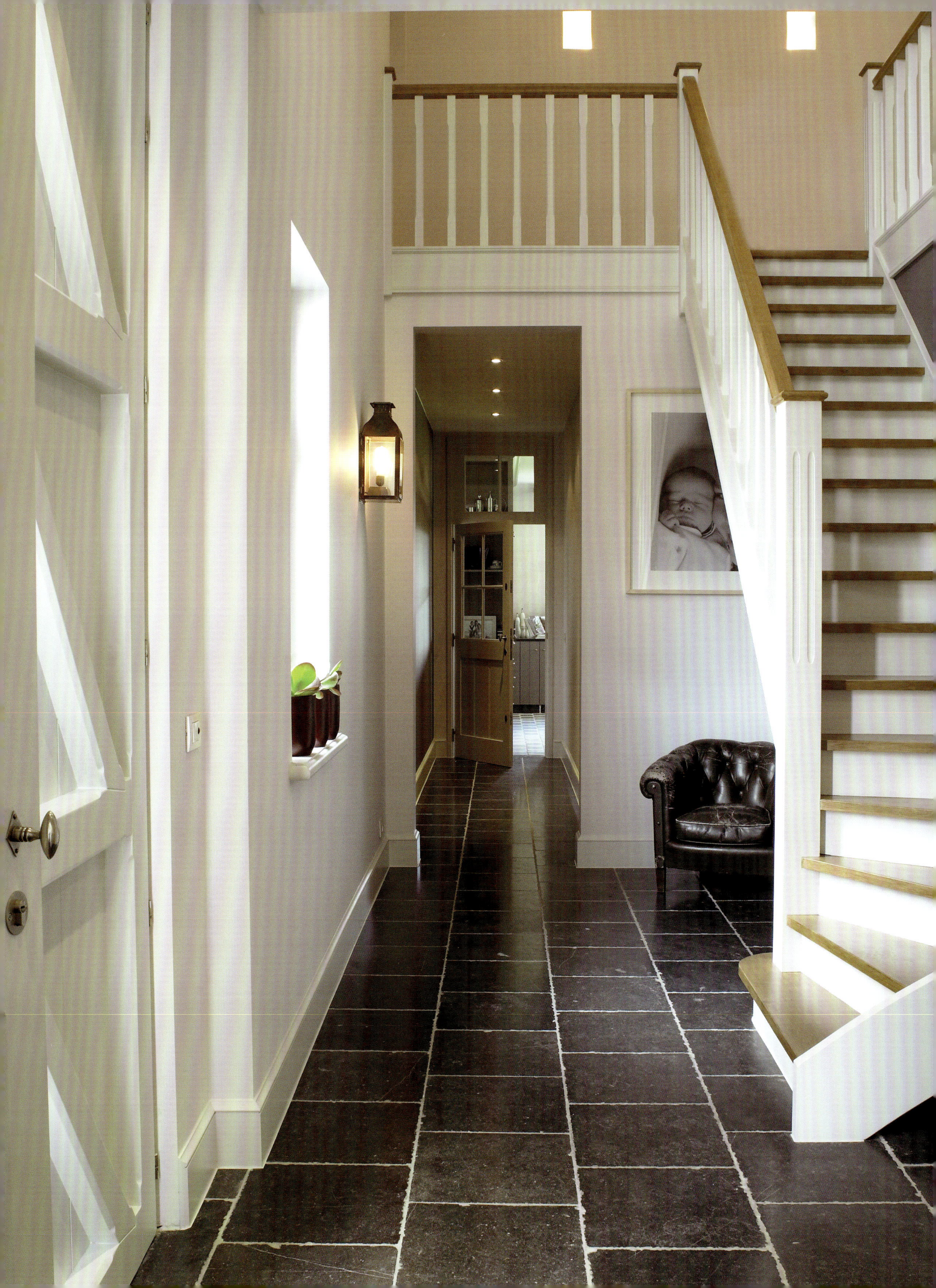

KLASSIK UND MODERNE IN PERFEKTEM GLEICHGEWICHT

Die Innenarchitektin Benedikte Lecot strebt bei all ihren Projekten nach einer Symbiose aus Funktionalität, Atmosphäre, Licht und Architektur.
Sie bemüht sich stets, einen Stil zu finden und konsequent durchzuhalten, der klassische und moderne Elemente in Einklang bringt und der vor allem den individuellen Wünschen und Bedürfnissen ihrer Klienten optimal gerecht wird.

Aus diesem Grund sind ihre Designs niemals standardisiert.
Der exklusive Charakter ihrer Interieurs beruht auch auf perfekter Umsetzung, ausgeführt von erfahrenen und engagierten Handwerksbetrieben.
Benedikte Lecot ist oft schon frühzeitig während der Bauphase präsent. So kann sie rechtzeitig auf die Berücksichtigung von kleinen Details achten, die sich später als wichtig erweisen.

Dieses Porträt einer klassischen und doch zeitgemäßen Raumgestaltung in einem Haus im zeitlos-rustikalen Stil stellt ihre Fachkompetenz unter Beweis.

Aus dem extralangen Flur kann man nicht nur den Verbindungsweg durch das Erdgeschoss, sondern auch die Treppe zur oberen Etage überblicken.

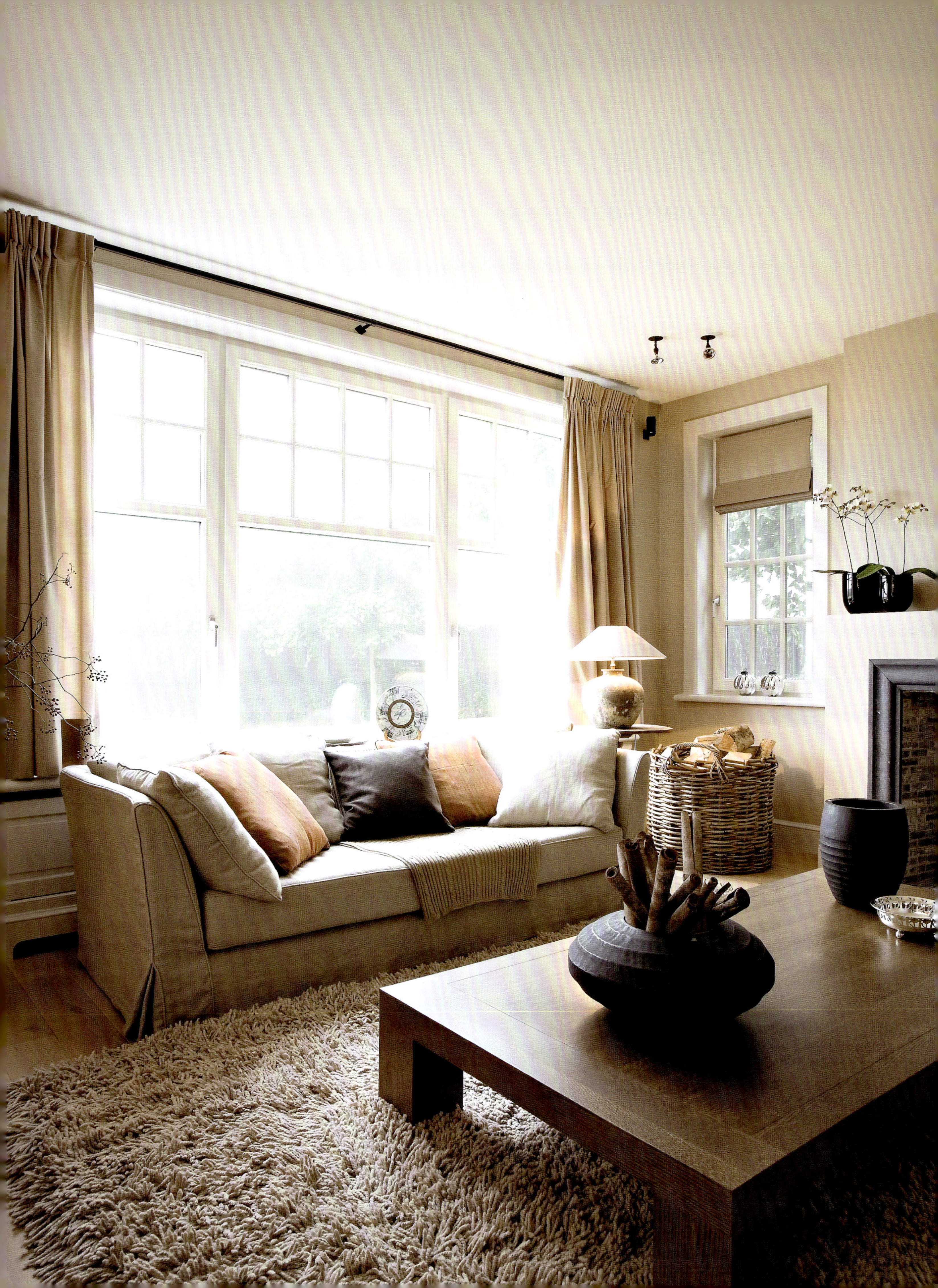

Rustikale Akzente in einem zeitlosen Haus: Der große, offene Kamin wird von einer geradlinigen Einfassung aus dunkel blaugrauem Naturstein umrahmt. Die Vorhänge korrespondieren mit der Farbe der Wände.

S. 148–149
Über den Bodendielen aus massiver, geölter Eiche heben sich die breiten, weiß gestrichenen MDF-Fußleisten interessant ab. Artischocken-Stillleben von Ria de Henau.

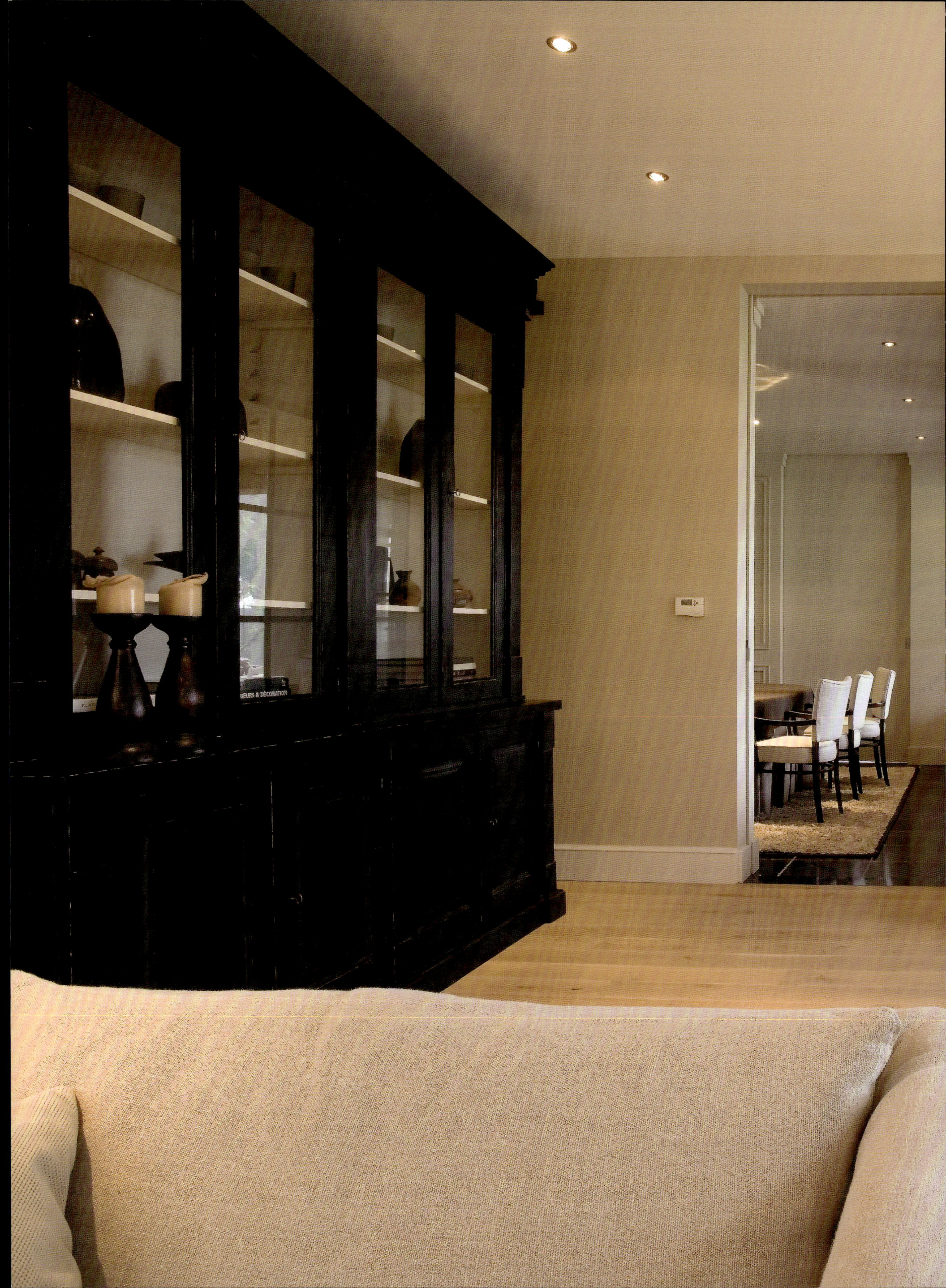

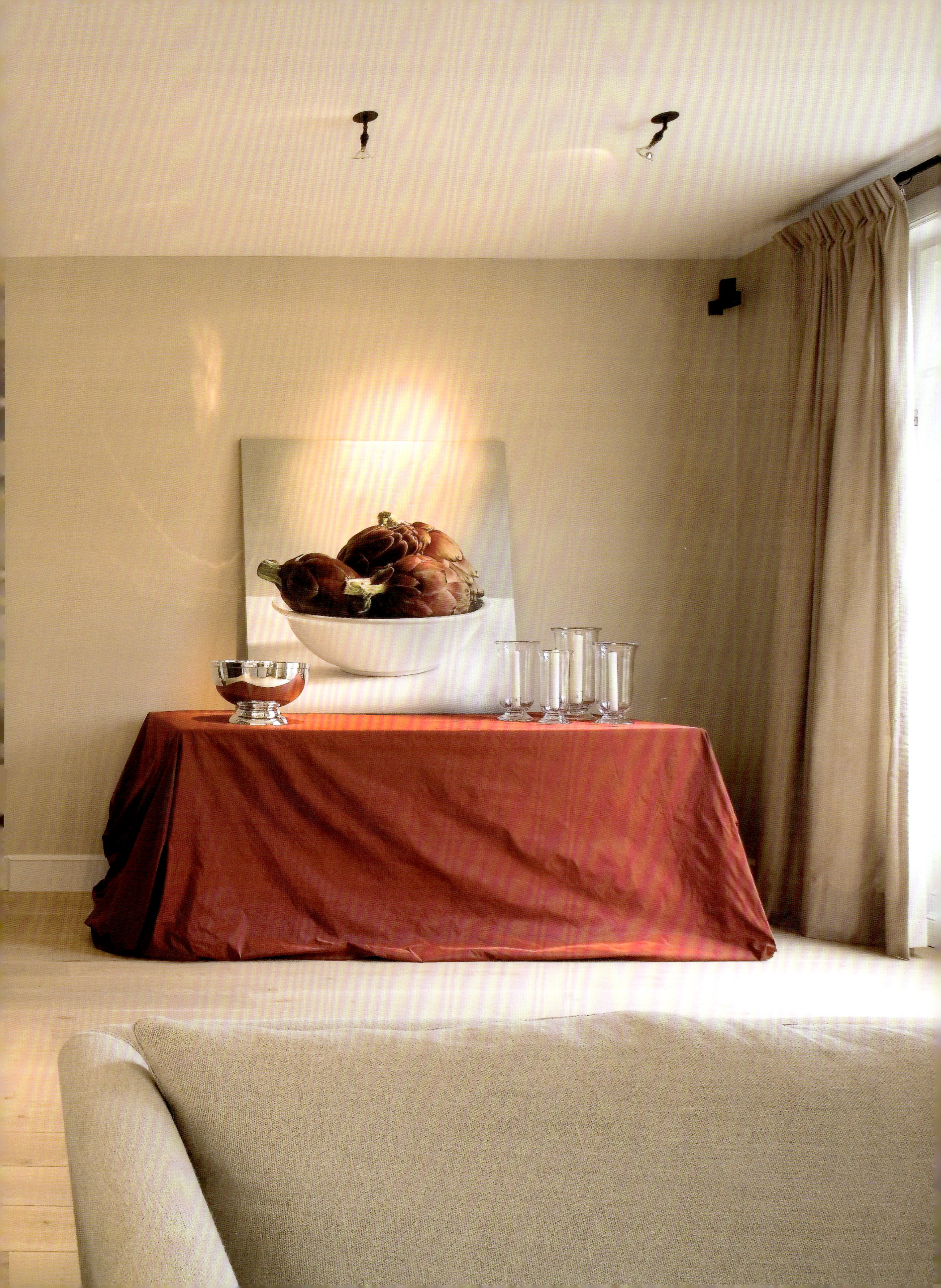

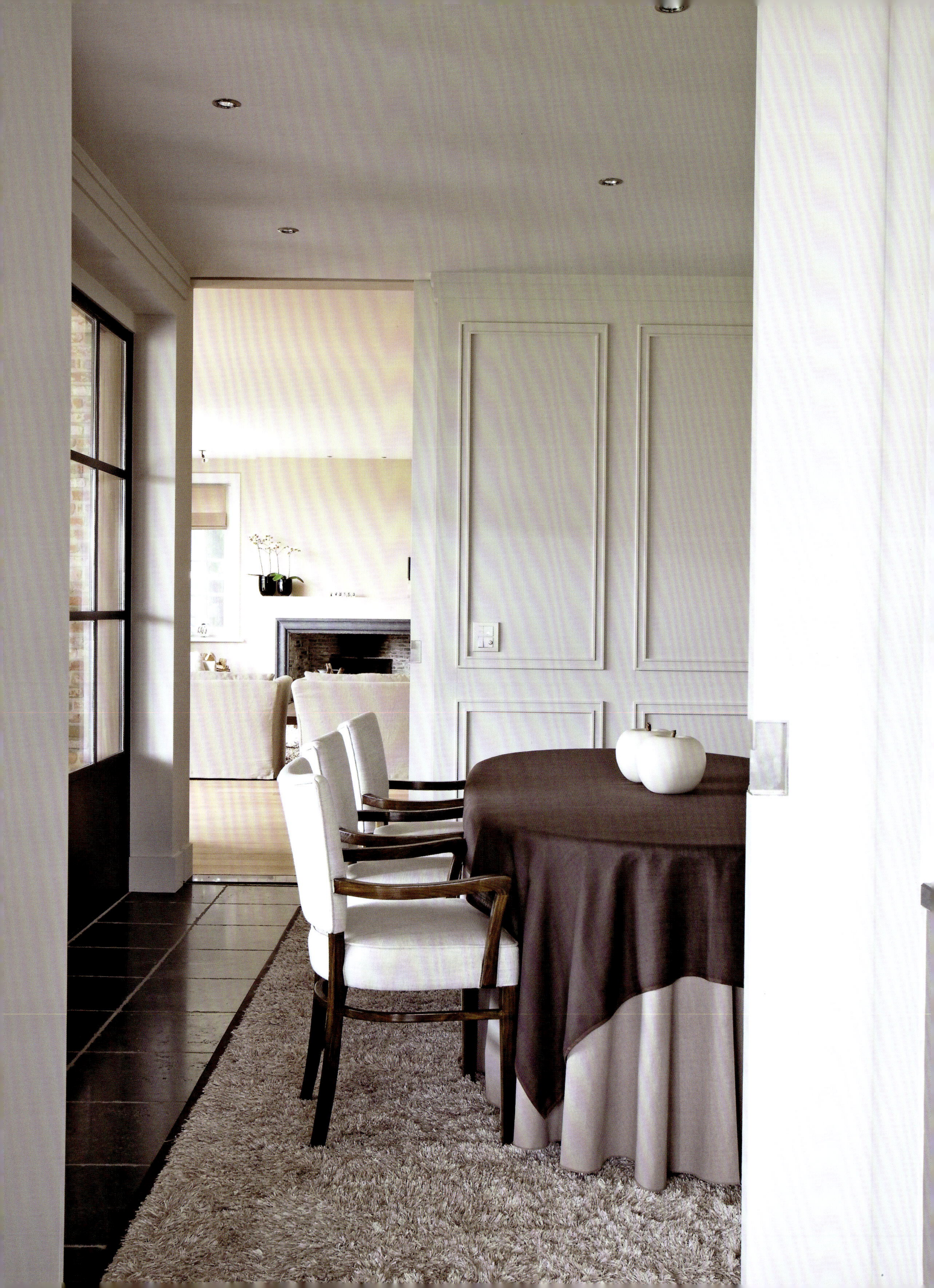

Die deckenhohe Täfelung wurde mit einem feinen Streifeneffekt gestrichen. Die Stahlrahmentüren, die ins Freie führen, lassen sich im Winkel von 180° öffnen. Als Bodenbelag hat die Designerin einen blaugrauen Naturstein gewählt.

151

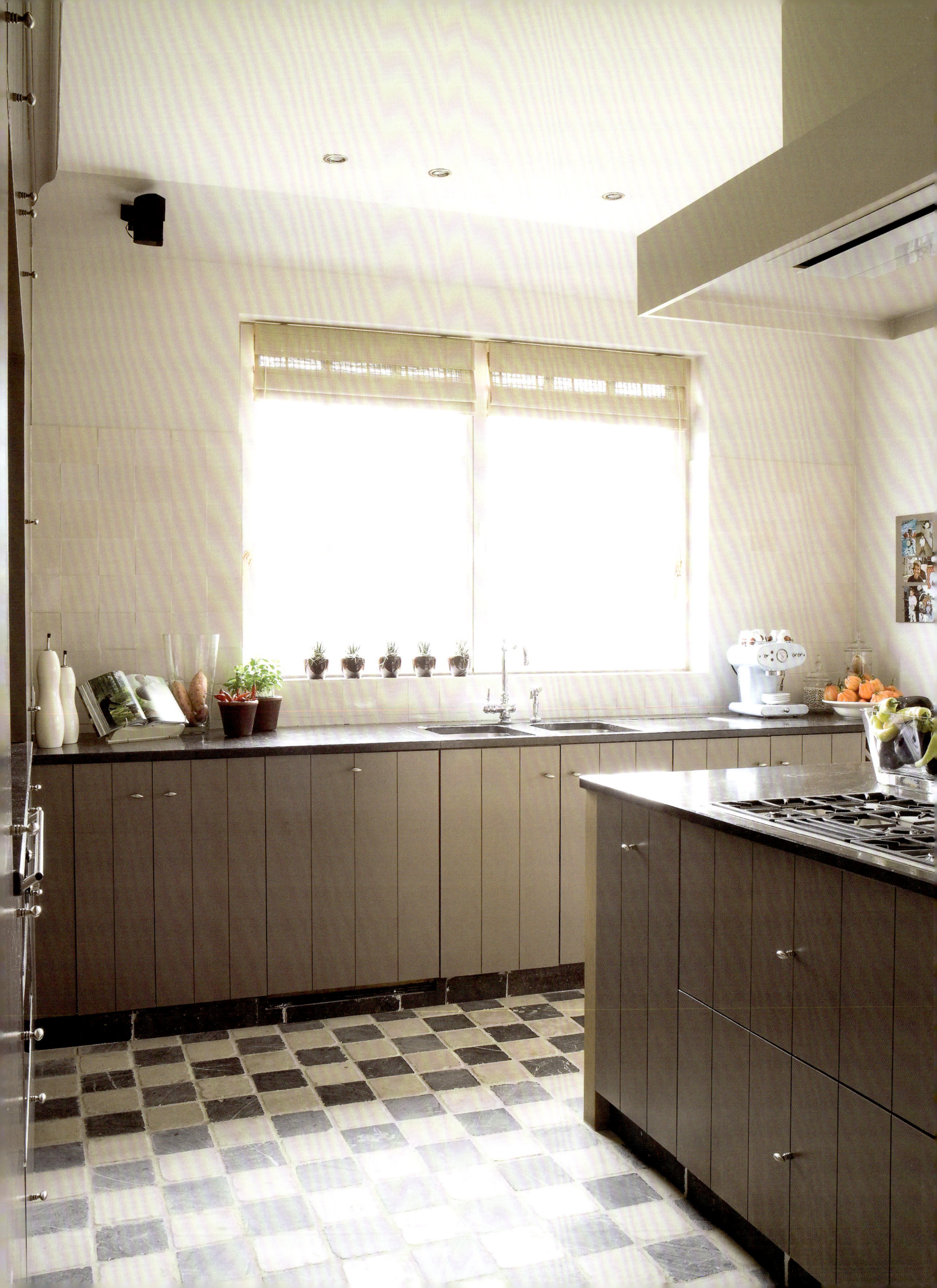

Ein Backofen mit Überbreite wurde in eine ganz mit Einbauschränken bedeckte Wand integriert. Gekocht wird an der Kücheninsel, die mitten im Raum steht.

S. 154–155
Holzstühle und eine weiß gestrichene Einbaubank bieten am langen, klösterlich schlichten Holztisch Sitzplätze für viele Gäste.

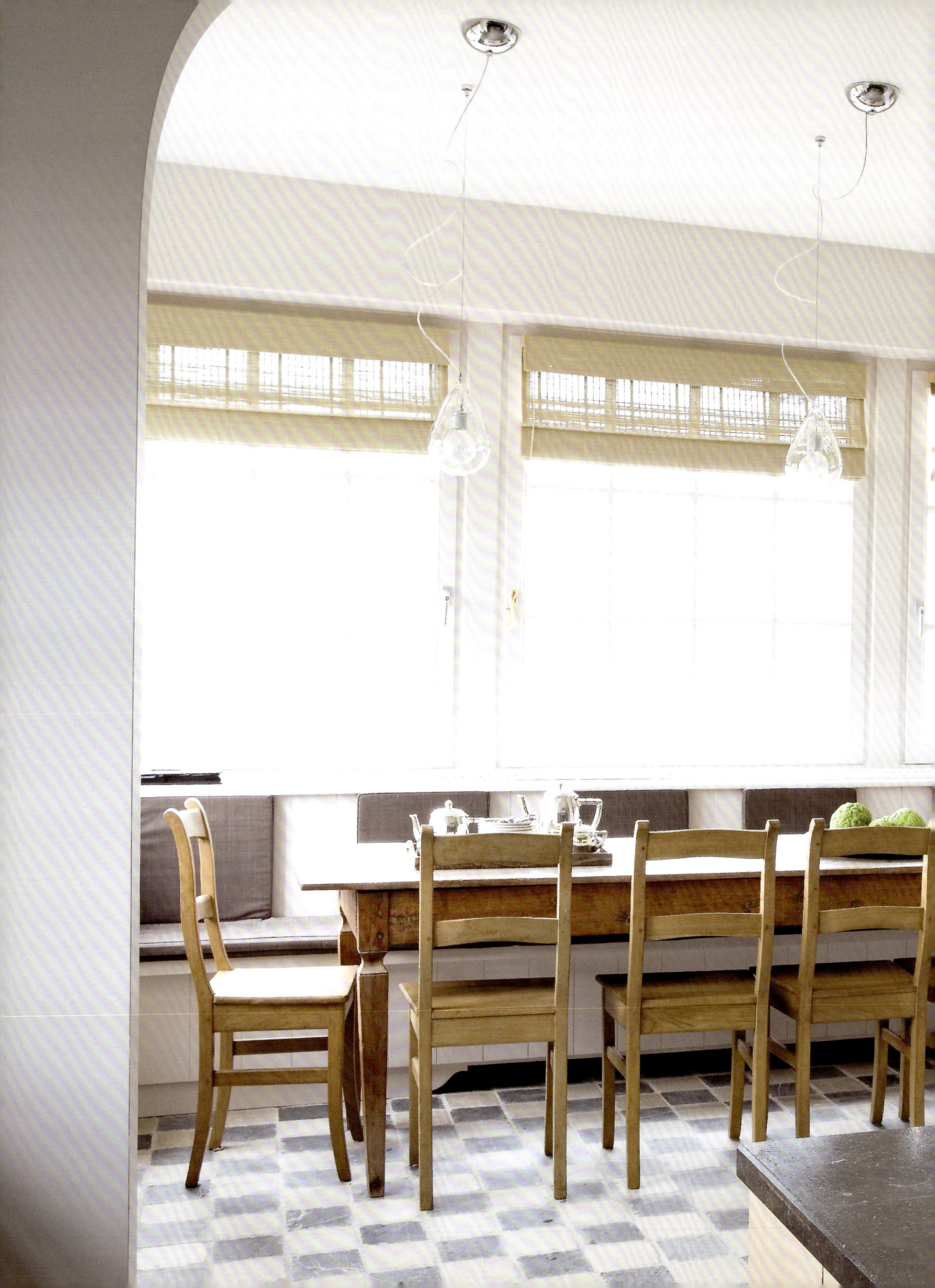

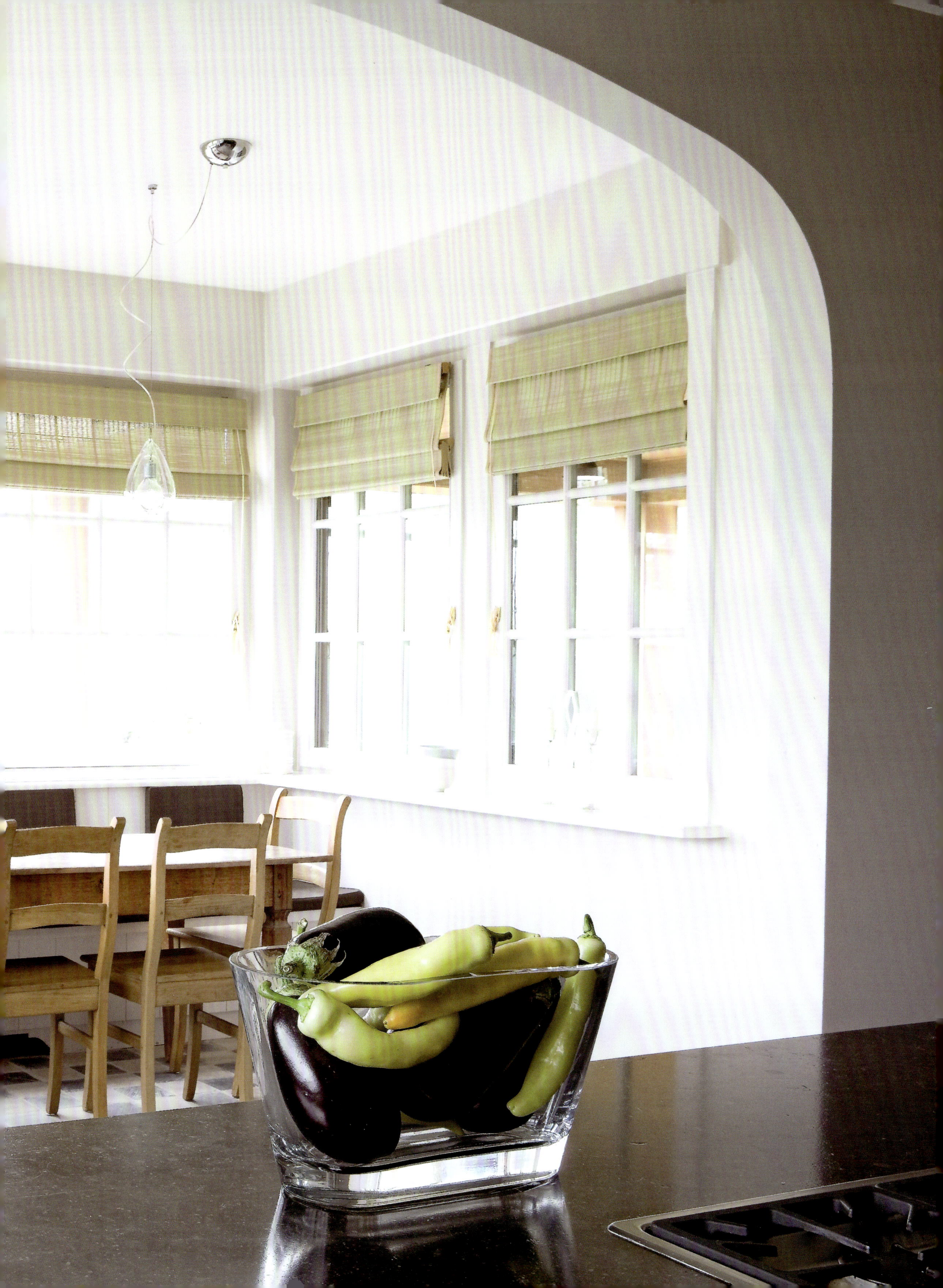

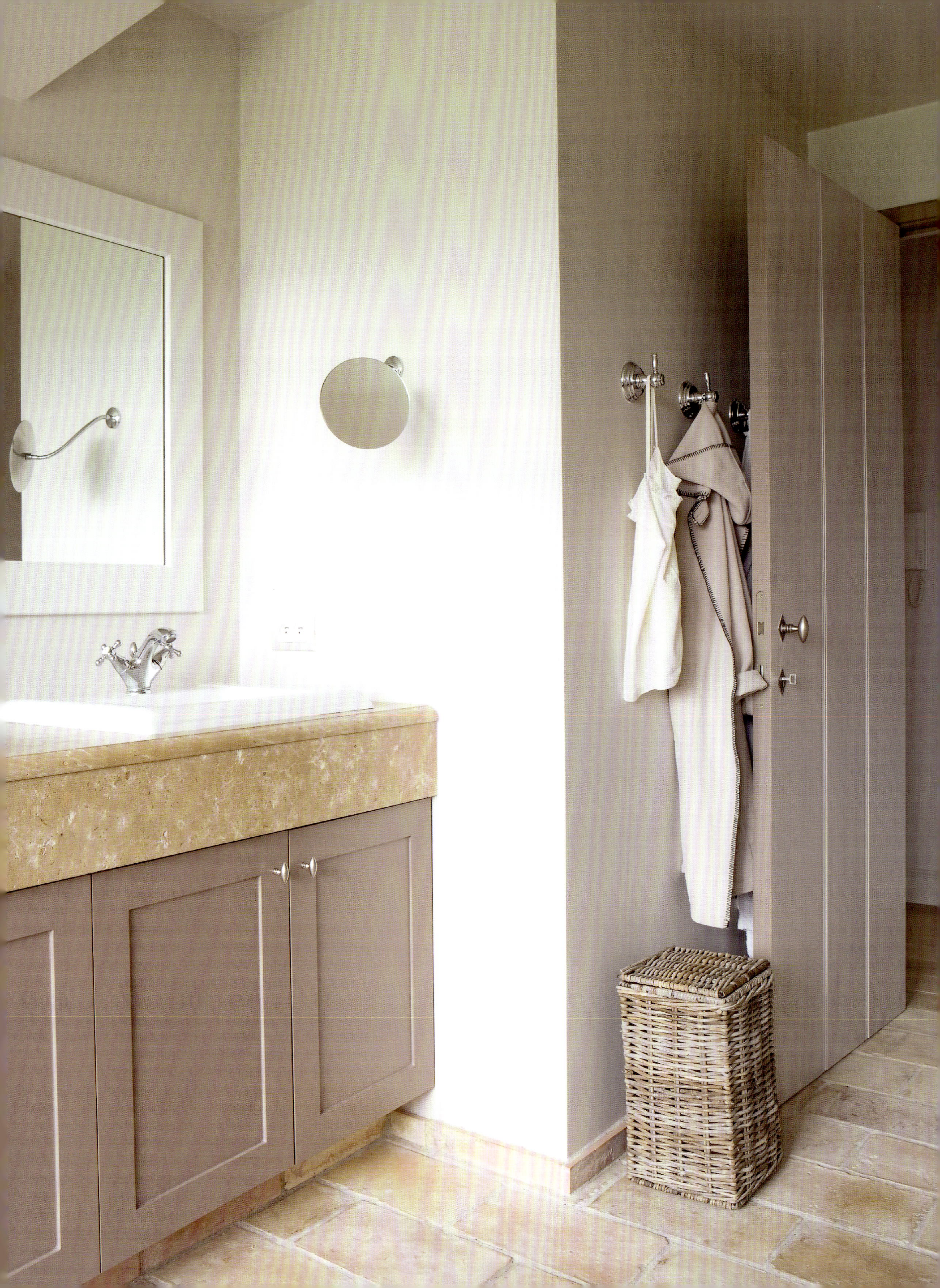

Das Bad hat einen Boden aus länglichen, antiken Terrakottafliesen. Bad und Wanne sind eingebaut. Die Faltfensterläden aus weiß gestrichenem MDF sorgen für ausreichend Privatsphäre. Die Dusche ist rundherum mit hell naturfarbenen Natursteinfliesen verkleidet.

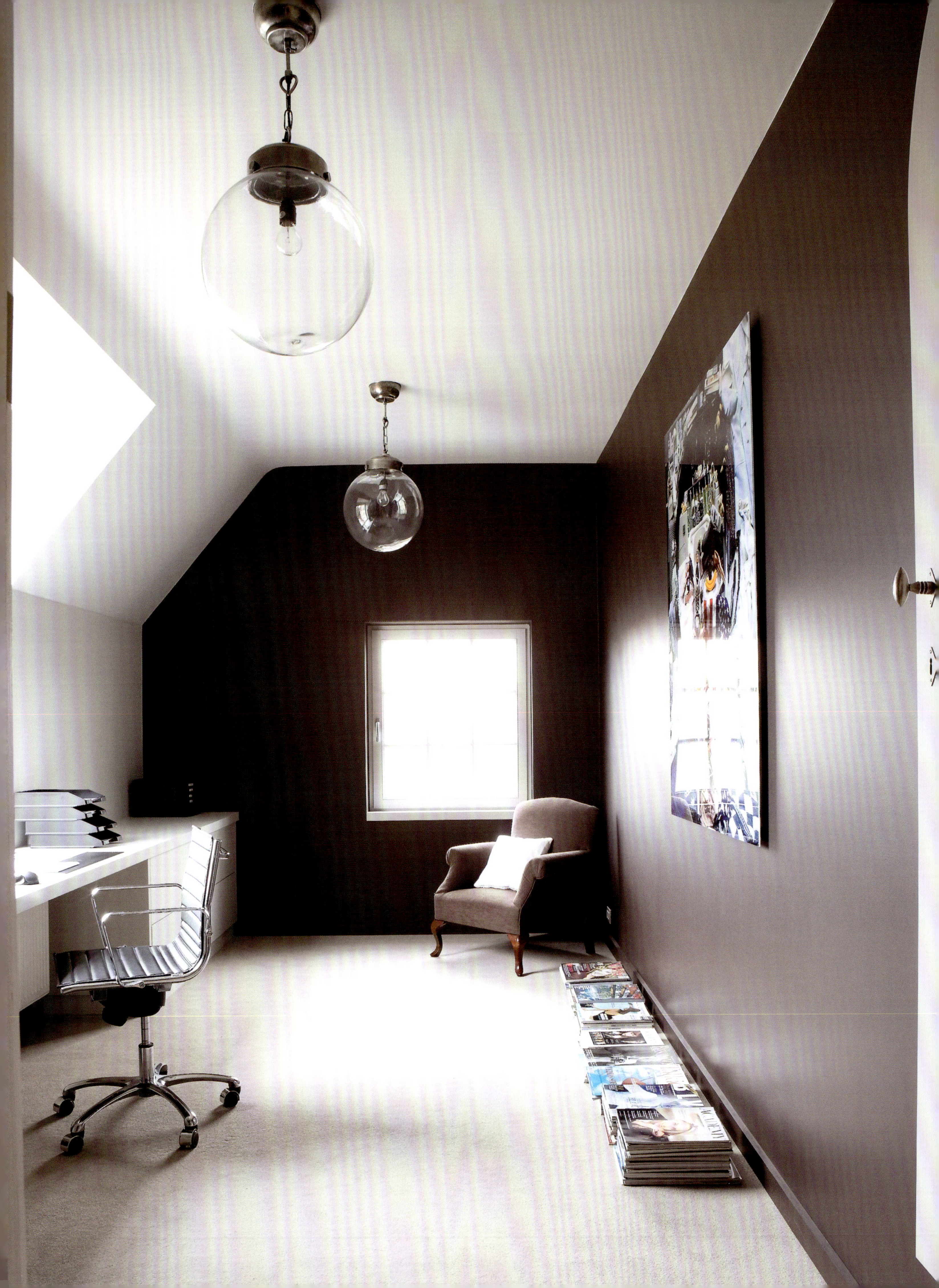

Ein Mädchen-Schlafzimmer in Weiß mit Akzenten in Rosa.

Auch das Arbeitszimmer überzeugt durch die gelungene Symbiose von klassischen und modernen Elementen. Die Auslegeware in dem zurückhaltenden, warmen Ton und der traditionelle Sessel vertragen sich erstaunlich gut mit dem ultramodernen Kunstwerk.

Im Jungen-Schlafzimmer ein extralanger Schreibtisch mit Blick auf den Garten.

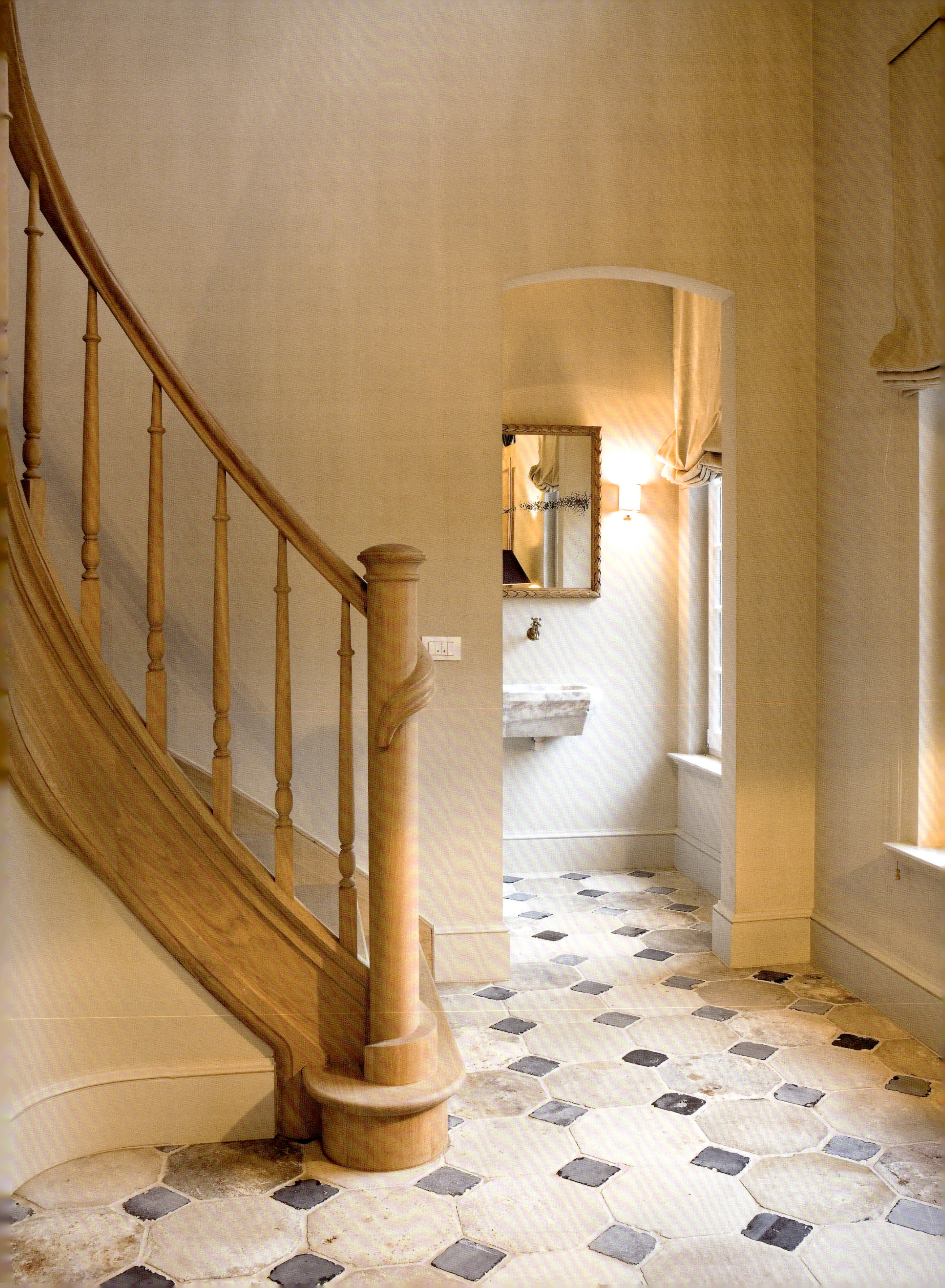

FRANZÖSISCHES LANDHAUS – SCHLICHT, ABER RAFFINIERT

Dieses Landhaus im klassisch-französischen Stil liegt in den grünen Außenbezirken von Antwerpen.
Erbaut wurde es von Costermans, einem Unternehmen, das besonderen Wert auf die sorgsame Auswahl der Materialien legt. Ungewöhnliche antike Fliesen, strapazierfähige Parkettböden, außergewöhnliche Kamine und andere Details sind typisch für einen Stil, der zeitlos und dabei modern ist: ein geradliniges, klares und edles Ambiente.

Hell und ruhig wirkt die Eingangsdiele, aus der eine französische Eichentreppe mit geschnitztem Geländer ins Obergeschoss führt. Der Boden ist mit antiken Achteckfliesen in verblichenem Burgunderrot und quadratischen Einsätzen aus Schiefer belegt.

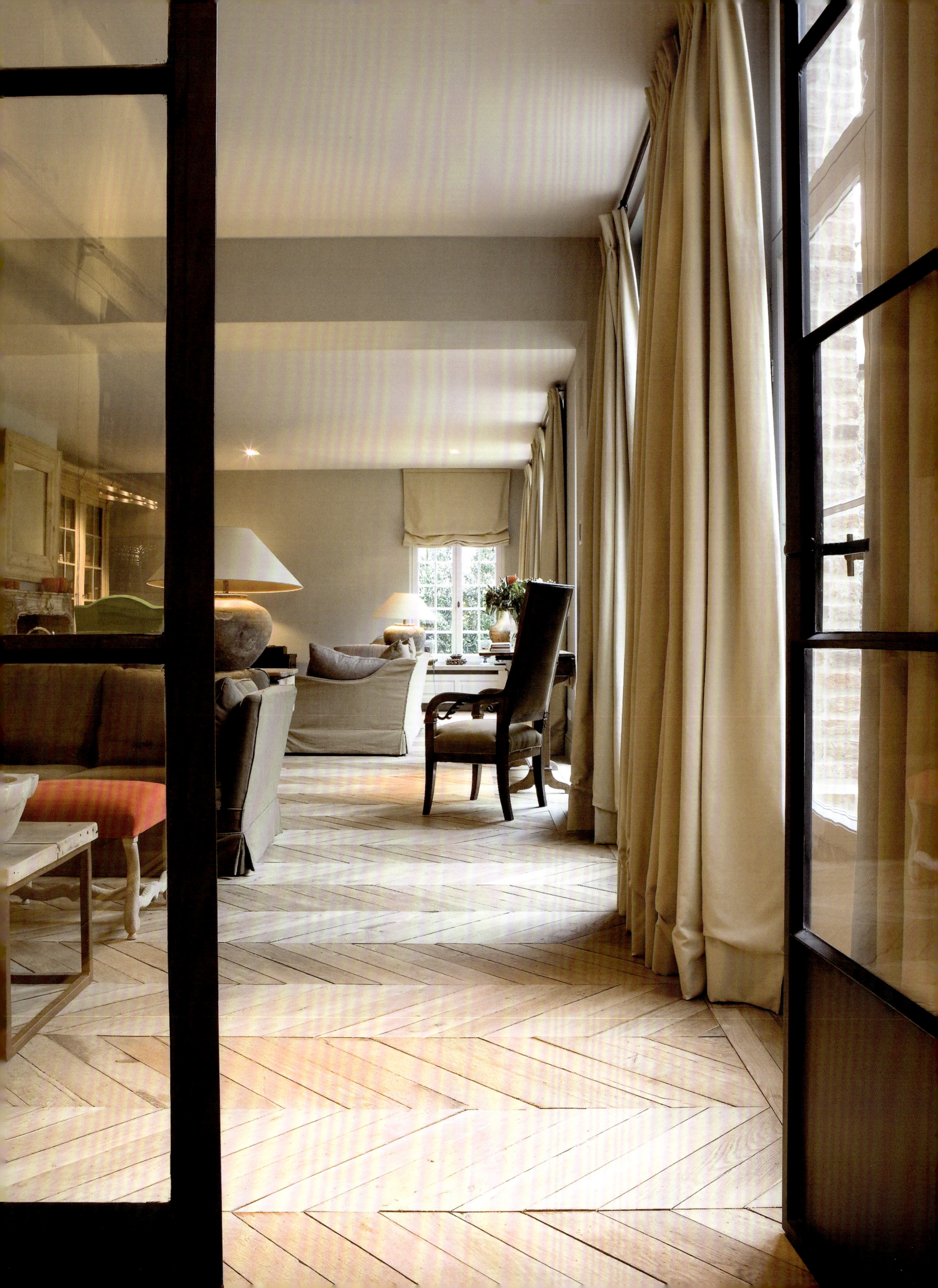

Das Wohnzimmer besticht durch das ausdrucksvolle Parkett aus antiker, französischer Eiche, verlegt im Fischgrätverbund.

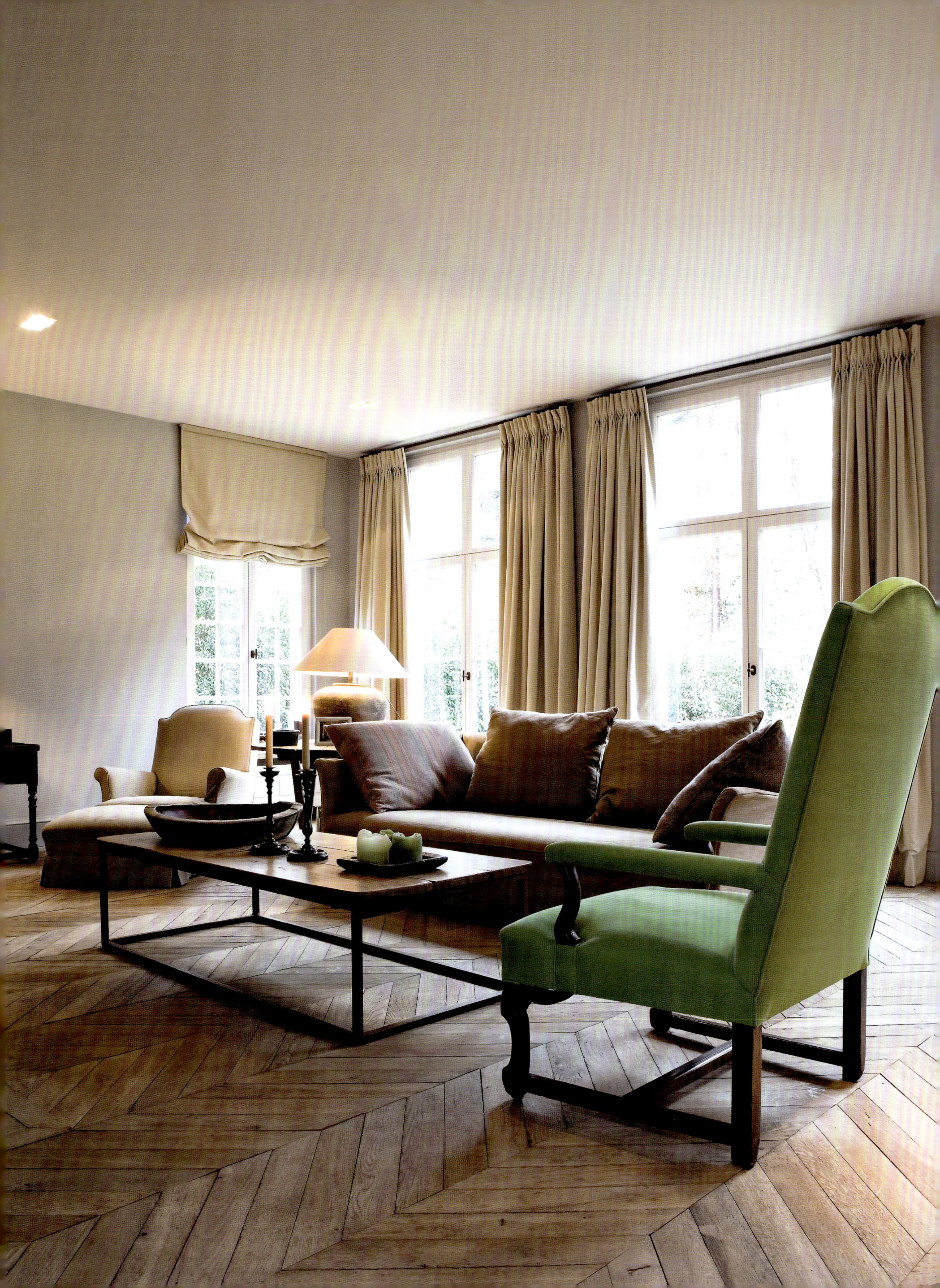

Der reich verzierte Kamin im Salon stammt aus der Zeit Ludwigs XV.
Naturmaterialien Ton in Ton, aufgelockert durch Akzente in frechem Grün.

S. 168–169

Verblüffend und doch sehr gelungen ist die Mischung antiker Stücke und moderner Designermöbel im Fernsehzimmer. Hier abgebildet ist der Lounge Chair von Vitra mit passendem Fußhocker, entworfen von Charles und Ray Eames.

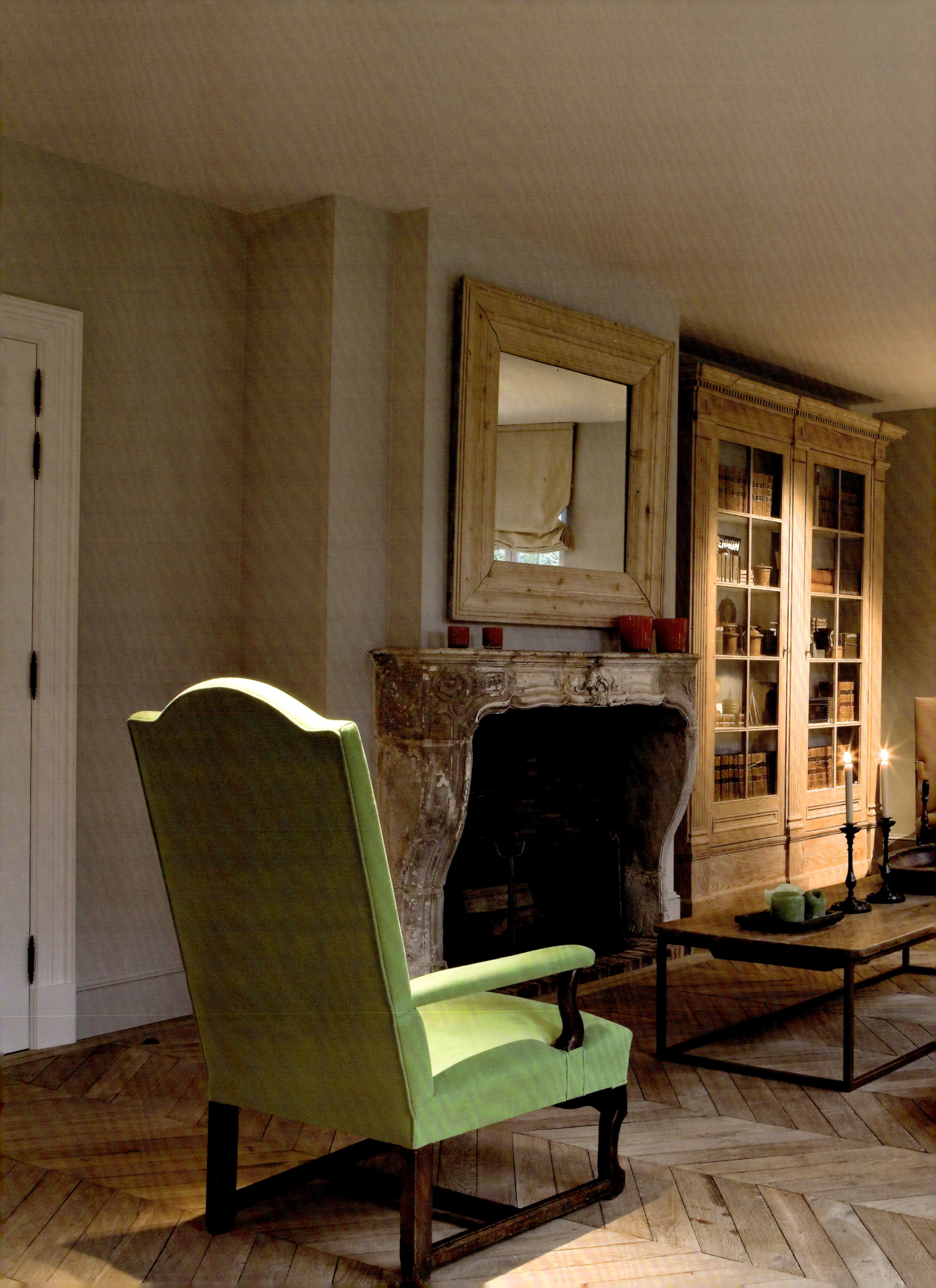

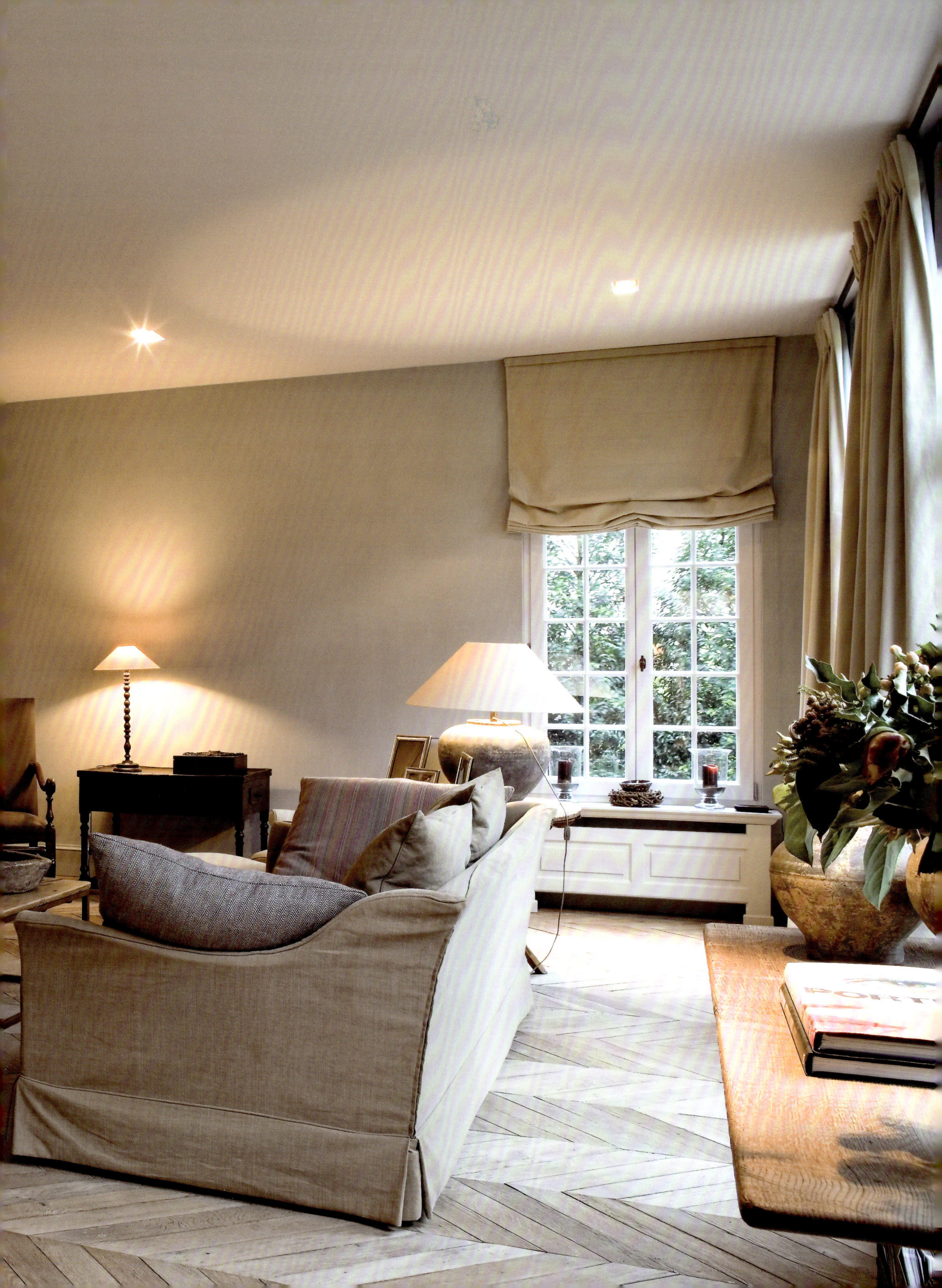

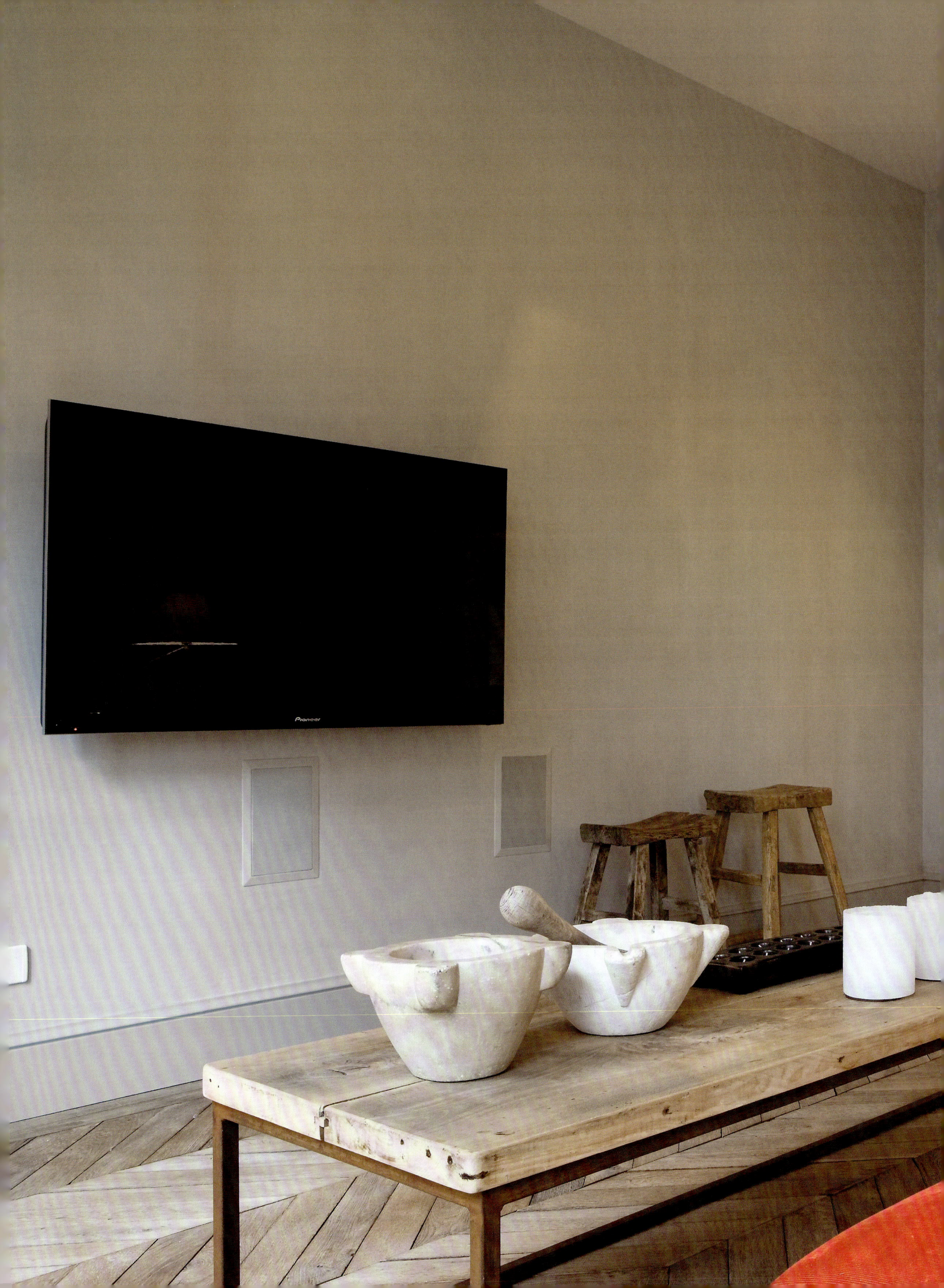

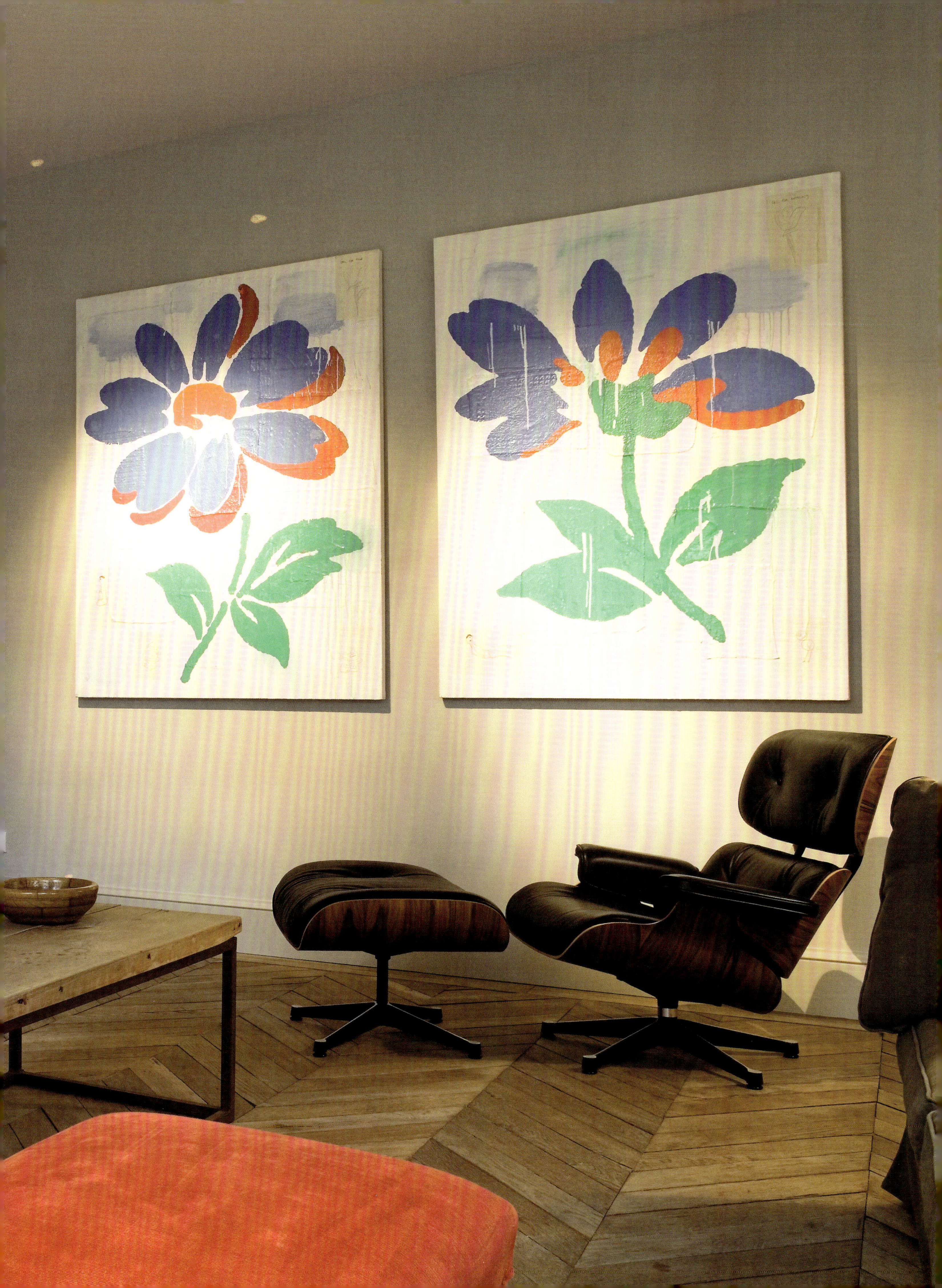

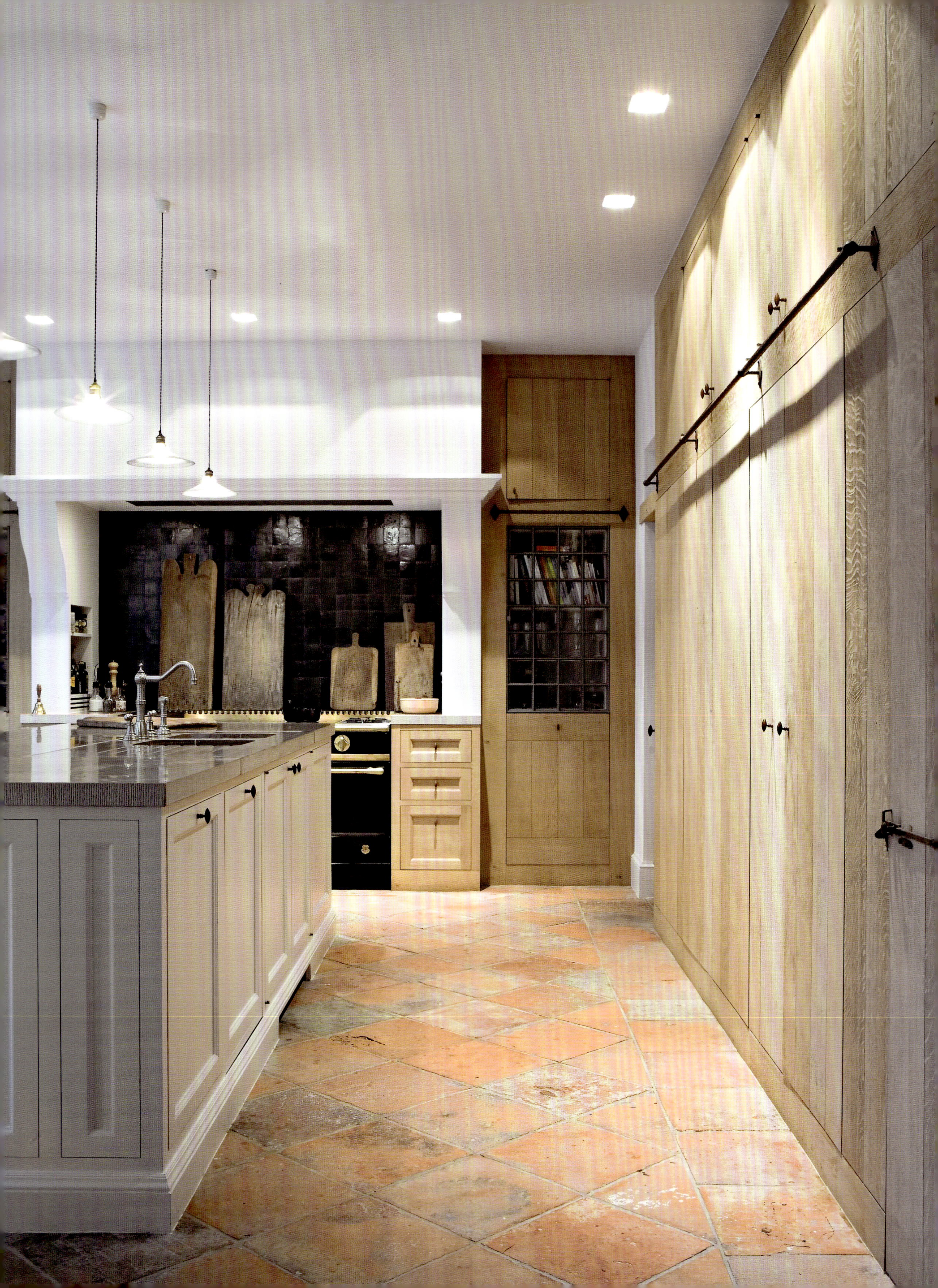

Eine zeitlose Küche aus massiver Eiche mit einem handgestrichenen Tisch aus Kiefer. Für die Arbeitsflächen wurde ein mittelgrauer Naturstein aus Frankreich verwendet. Der stattliche Herd von dem französischen Hersteller Delaubrac lässt ahnen, dass in diesem Haus gutes Essen geschätzt wird. Handgefertigte Fliesen aus Marokko geben dem Spritzschild seine interessante, etwas unebene Oberfläche.

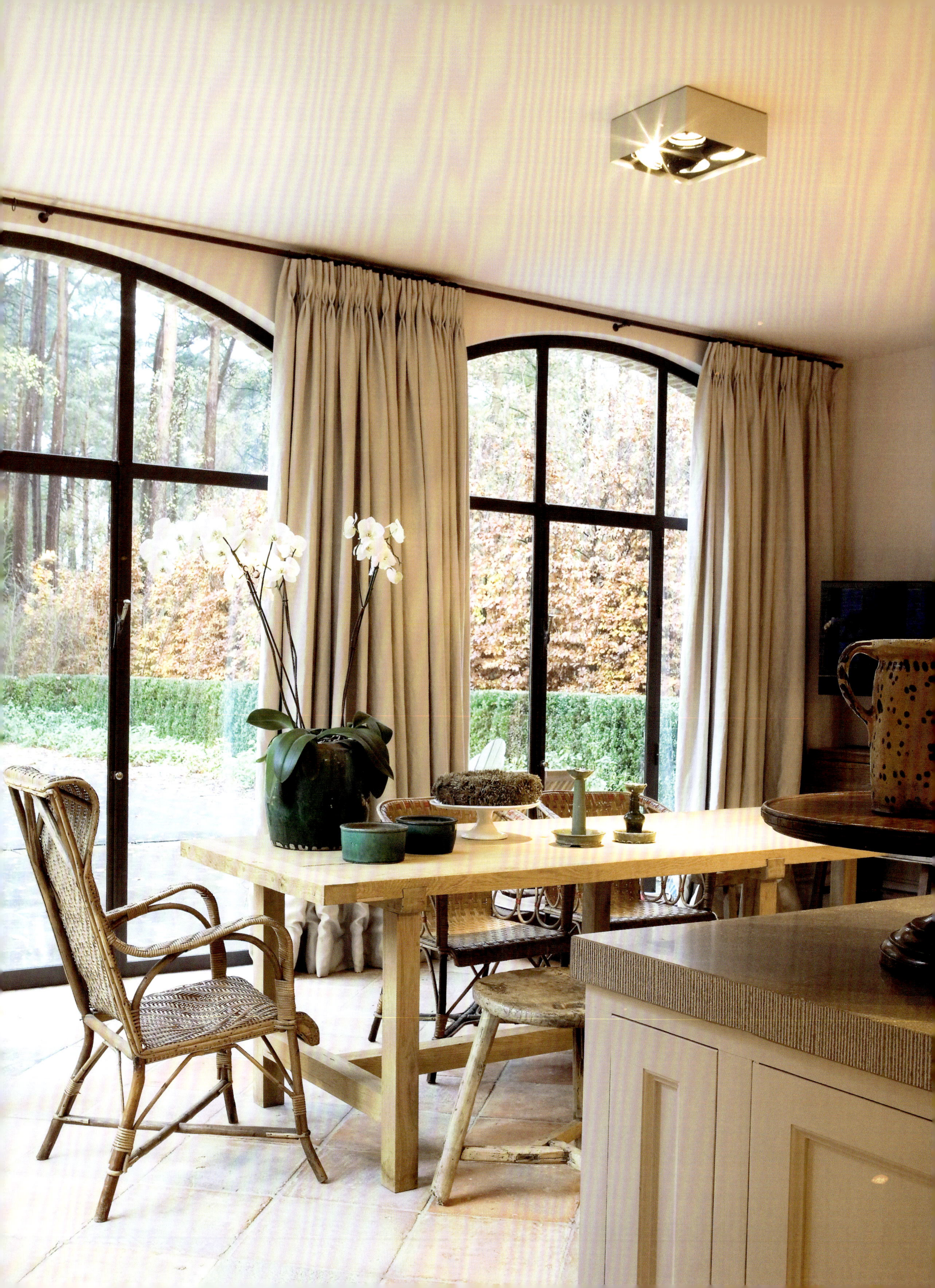

Metall in verschiedenen, attraktiven Erscheinungsformen an den großen Fenstern und der Anrichte. In den Weinkeller gelangt man durch eine antike Tür aus Schmiedeeisen.

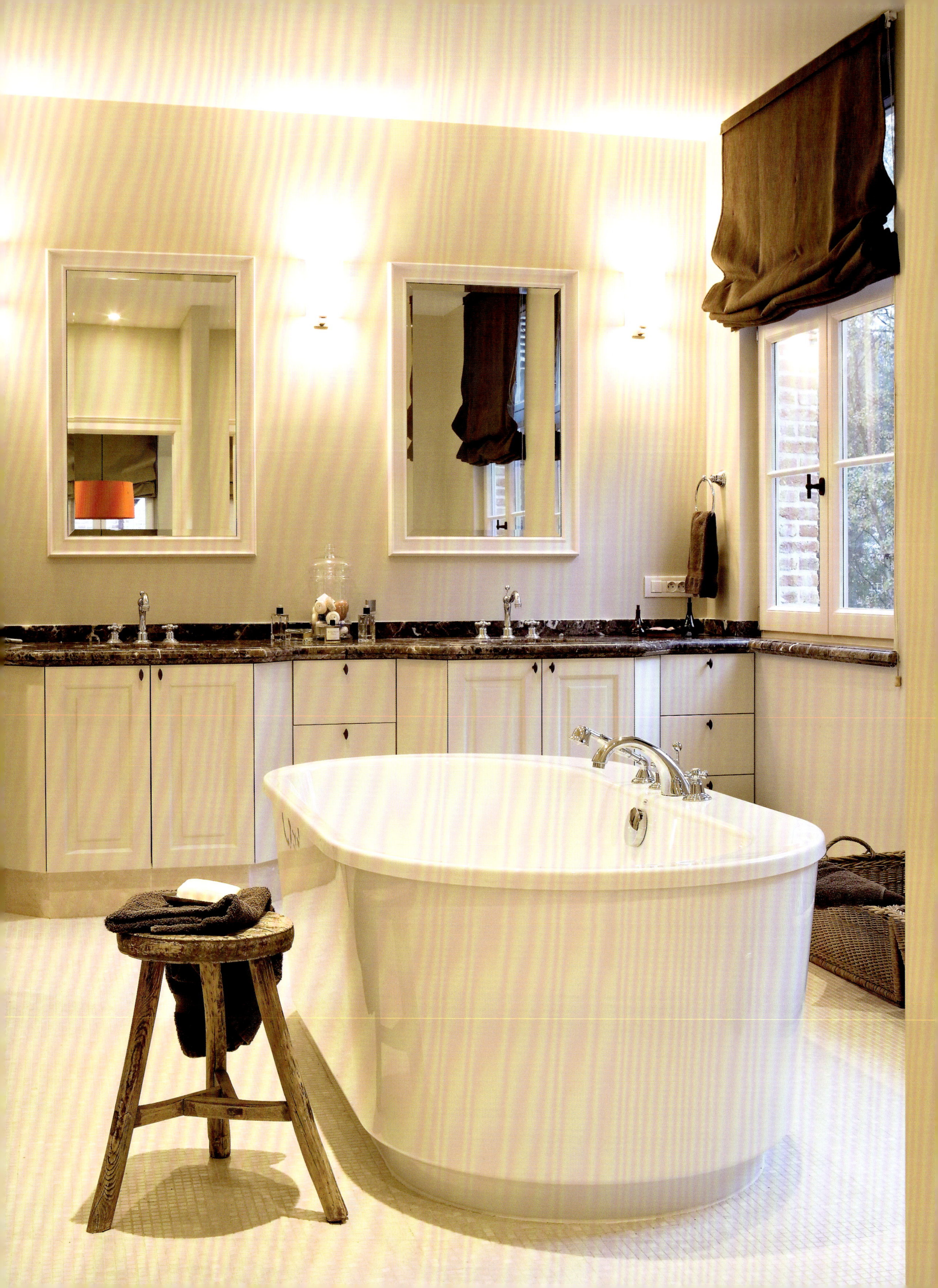

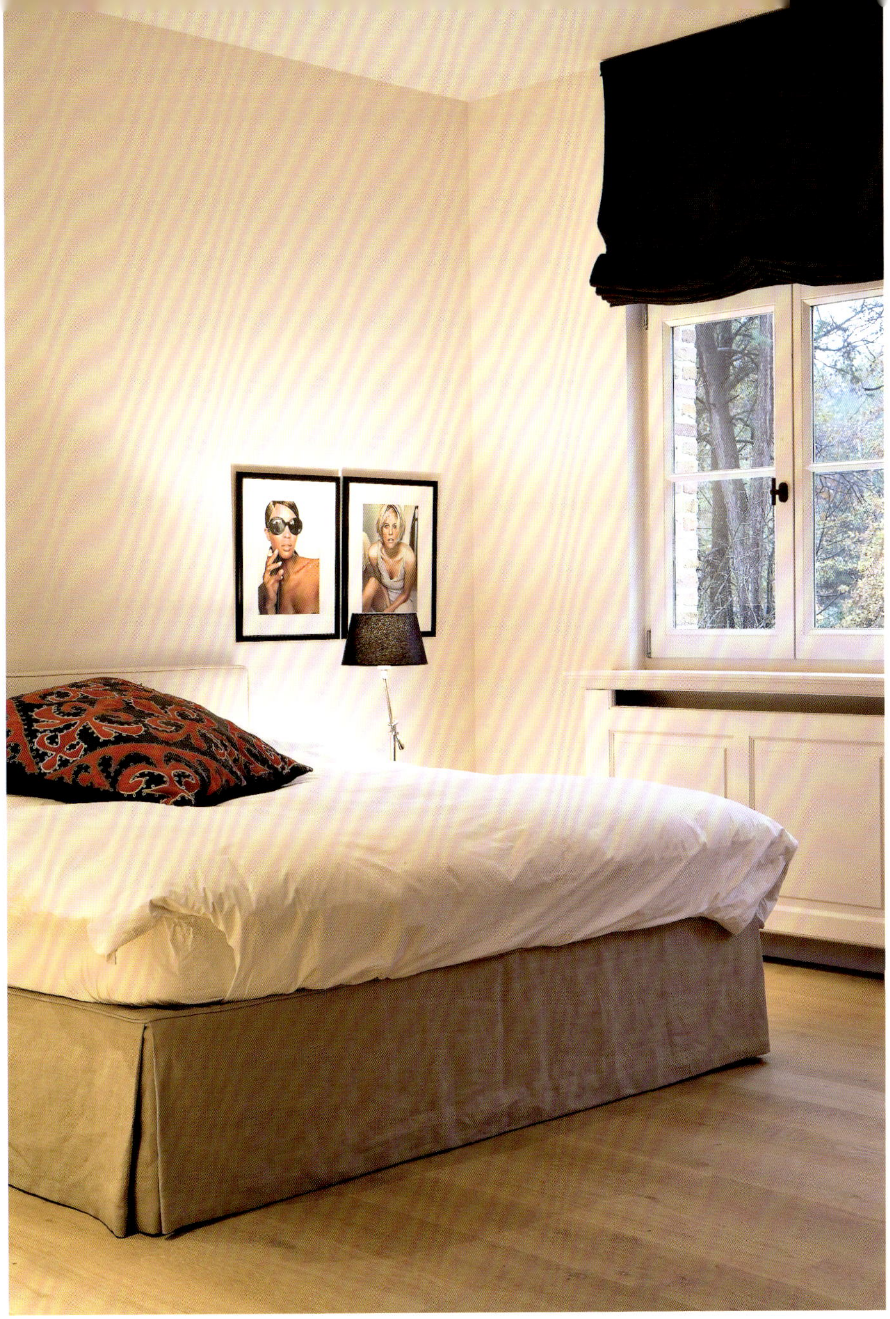

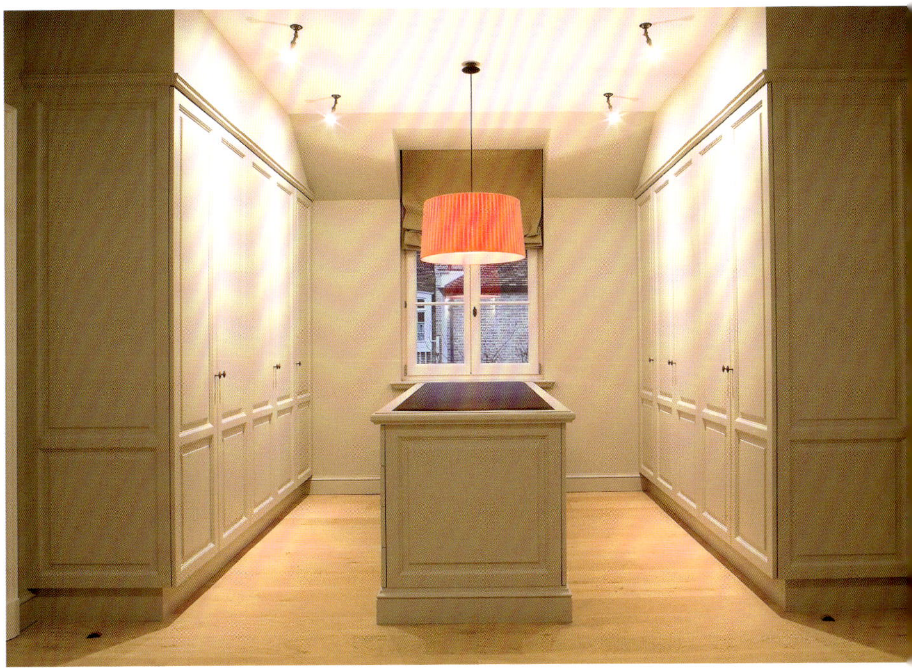

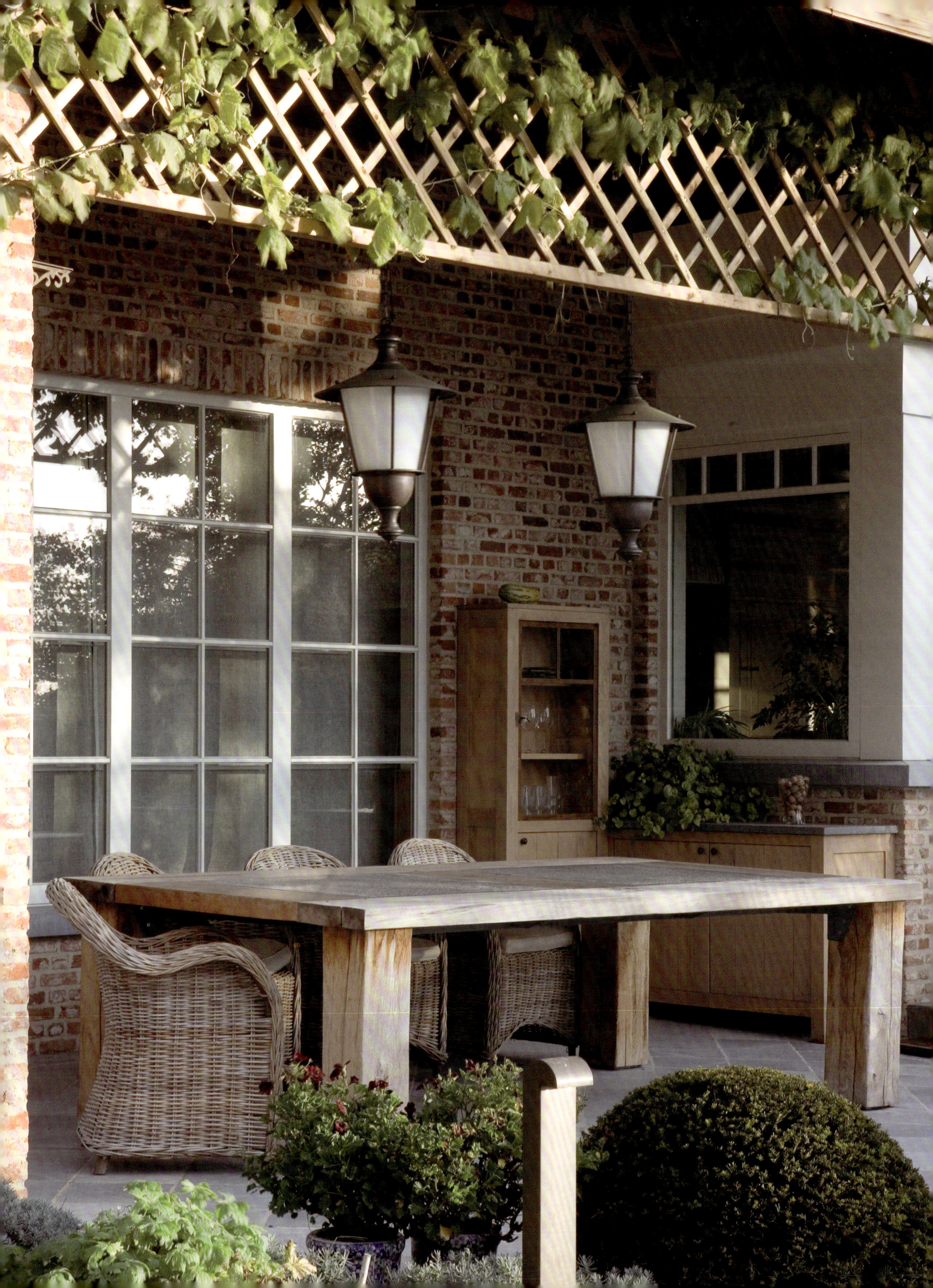

MATERIALIEN MIT GESCHICHTE

Dirk Cousaert hat sein berufliches Leben seiner Vorliebe für traditionelle Handwerkstechniken und derbe Materialien, die eine Geschichte erzählen, verschrieben.

In seiner traditionellen Tischler- und Steinmetzwerkstatt findet man eine Fülle außergewöhnlicher Küchenmöbel, Waschbecken, Tische, Türen und viele andere Dinge aus eigener Fertigung. Die Ideen liefert der Künstler und Unternehmer, dessen Ideenreichtum unerschöpflich scheint.

Dieses Landhaus, das mit zahllosen Kreationen von Cousaert – Van der Donckt ausgestattet ist, gibt faszinierende Einblicke in das Repertoire des Unternehmens aus den flämischen Ardennen.

Der Terrassentisch besteht aus überaus robustem Guajak-Holz, recycelt aus dem Hafen von Nieuwpoort. Auch der höhere Schrank mit Glastür und das Sideboard mit der Natursteinplatte stammen aus der Werkstatt von Cousaert. Der Terrassenboden ist mit blaugrauen Steinplatten ausgelegt.

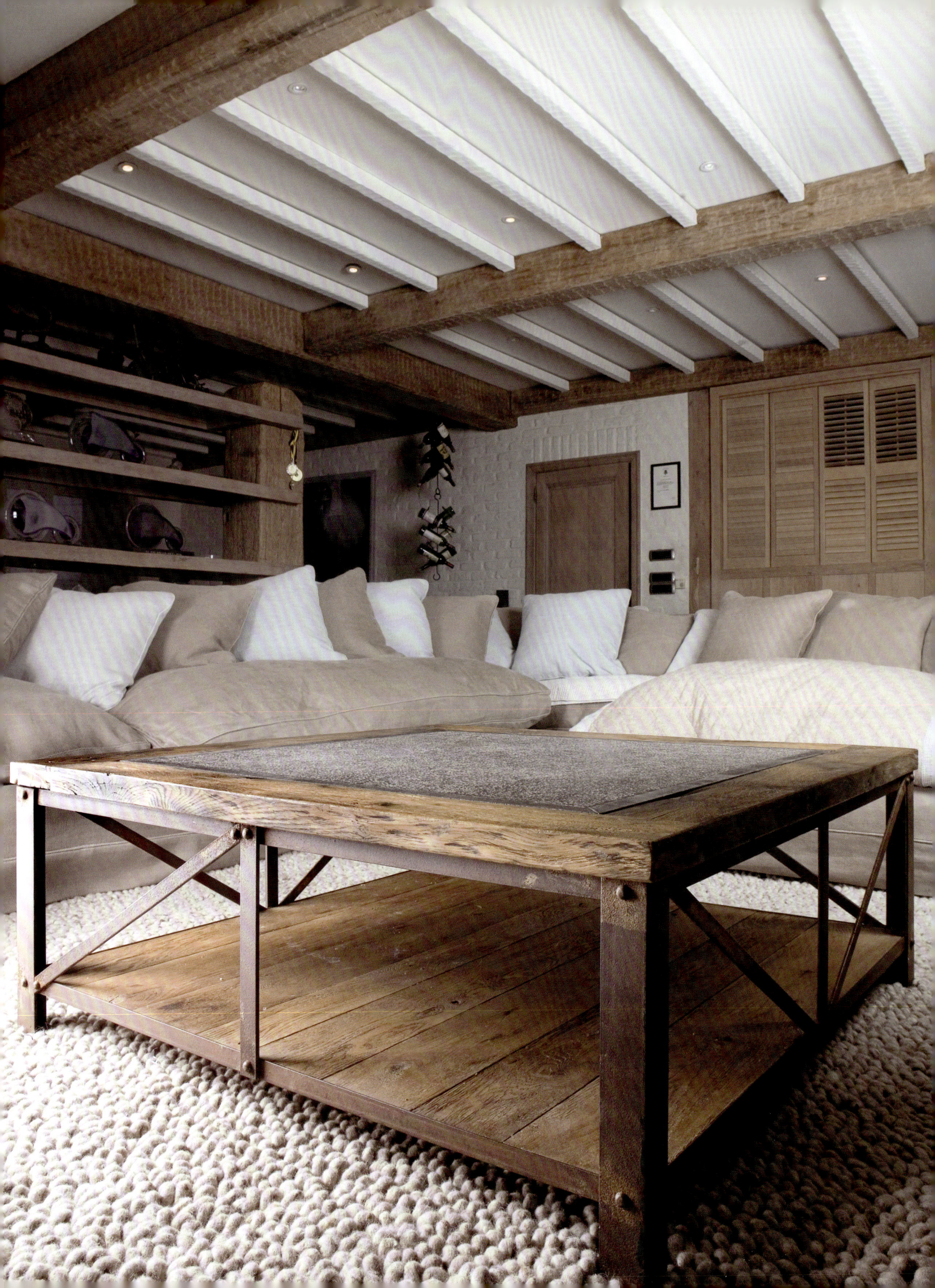

Ein Weinprobentisch aus Eiche und graublauem, belgischem Naturstein.

Die ganze Wand ist mit Eichenbrettern verkleidet. Das Sideboard ist teilweise in die Wandtäfelung eingelassen, darüber befinden sich ein offener Bereich für elektrische Kabel und weiter links eine Nische für einen Flachbildfernseher.

S. 178
Ein robuster Couchtisch aus gesägten Eichenbohlen und antiken, vernieteten Eisenstreben.

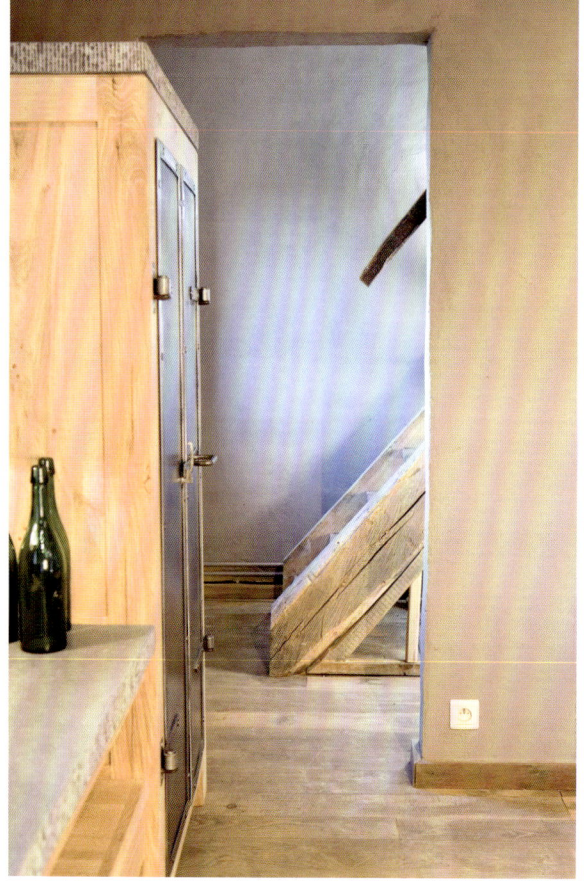

Das Bad mit Einbauschrank, halbhohem Schrank, Waschbeckenunterschrank und Bodendielen aus aufbereiteter Eiche.

Eine zweisitzige Bank aus Eiche und Stahl, daneben ein graues Steinwaschbecken auf einem Schränkchen aus antiken Eichenbrettern.

Durch die Tür sieht man eine nach Maß gebaute „Windmühlen-Treppe" von Cousaert – Van der Donckt.

Ein weiterer Geistesblitz von Cousaert ist dieser Wachtisch aus einer alten Eisen-Werkbank mit einem großen Waschbecken aus grauem Naturstein.

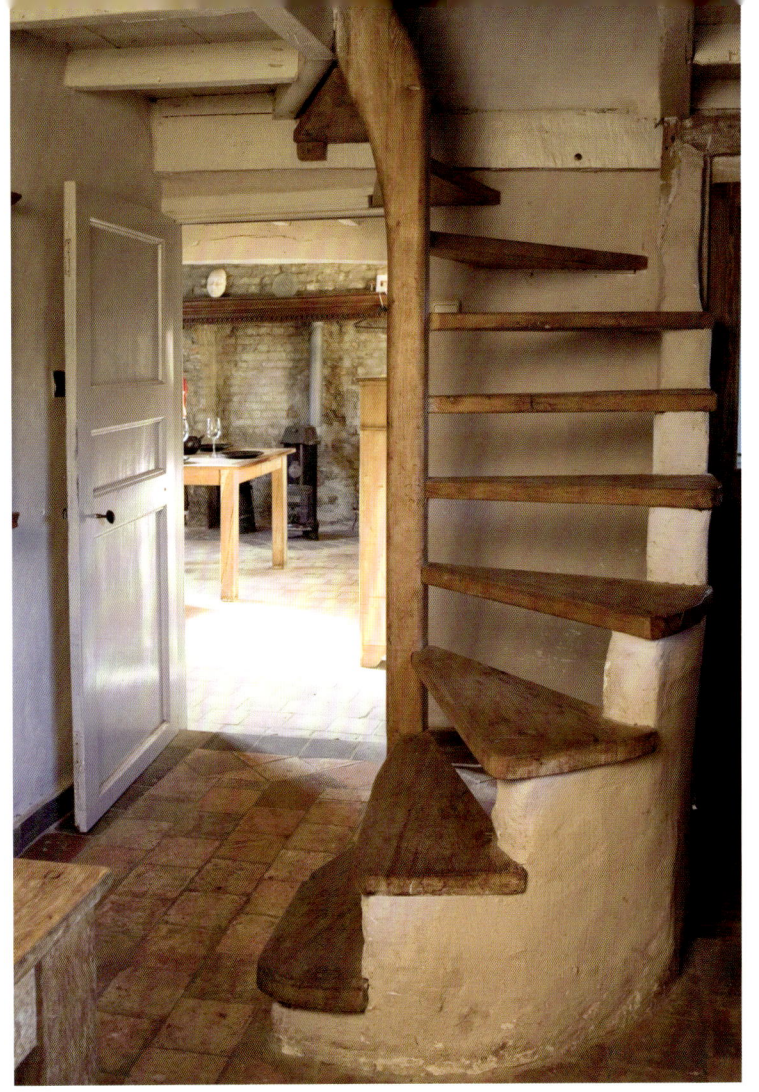

Die Wendeltreppe wurde von Cousaert entworfen und auch eingebaut.

Detailaufnahme des grob behauenen Natursteins.

181

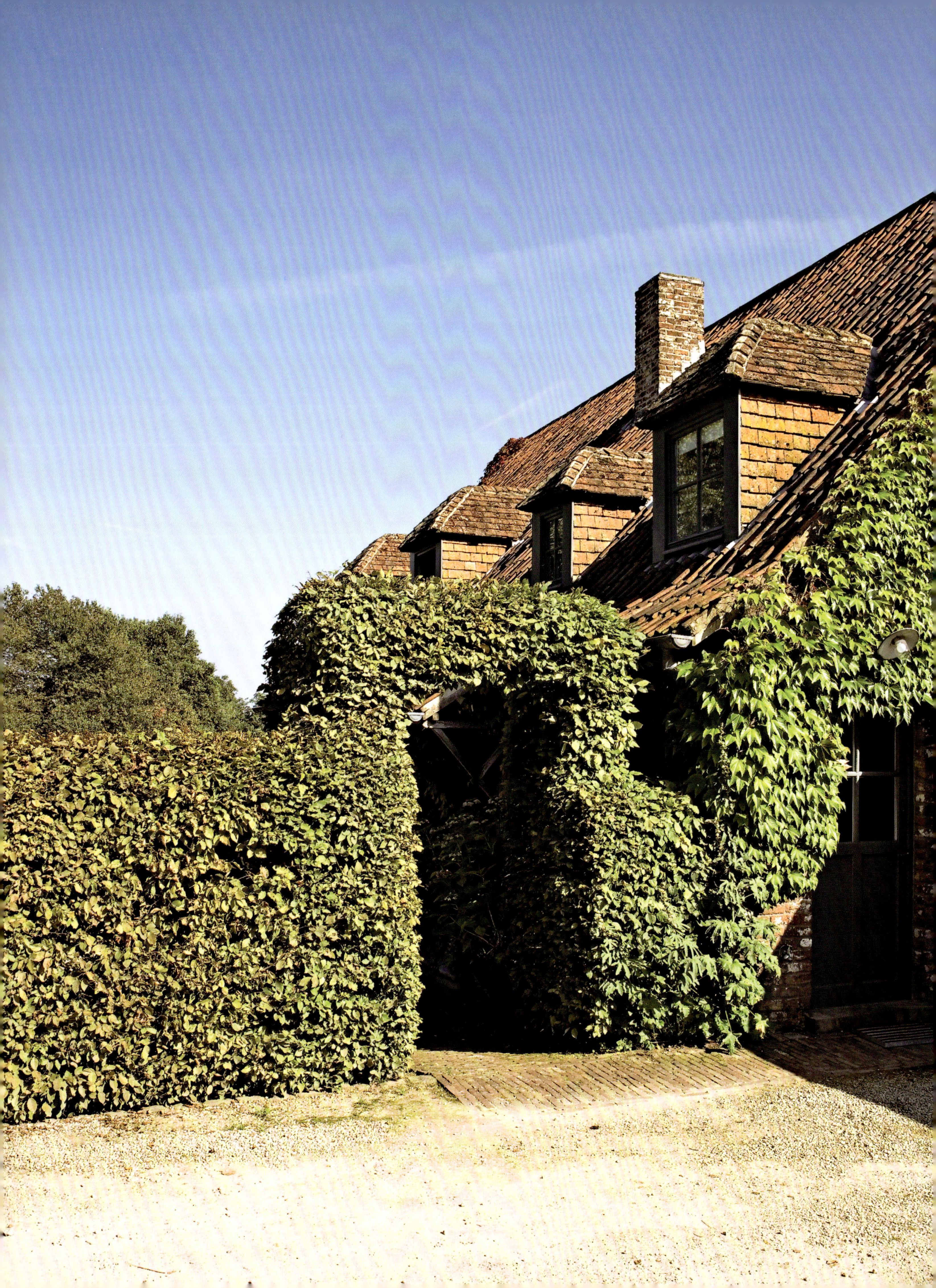

EINGEBETTET IN DIE LANDSCHAFT

Dieses Gebäude ist in jeder Hinsicht meisterhaft in seine Umgebung eingebettet. Man möchte meinen, das alte Bauernhaus stünde schon seit Jahrhunderten hier. Auch die beiden neuen Anbauten (Garage und Küche), die von Heritage Buildings verwirklicht wurden, passen sich dem Gesamtcharakter des Anwesens ohne sichtbare Brüche an.

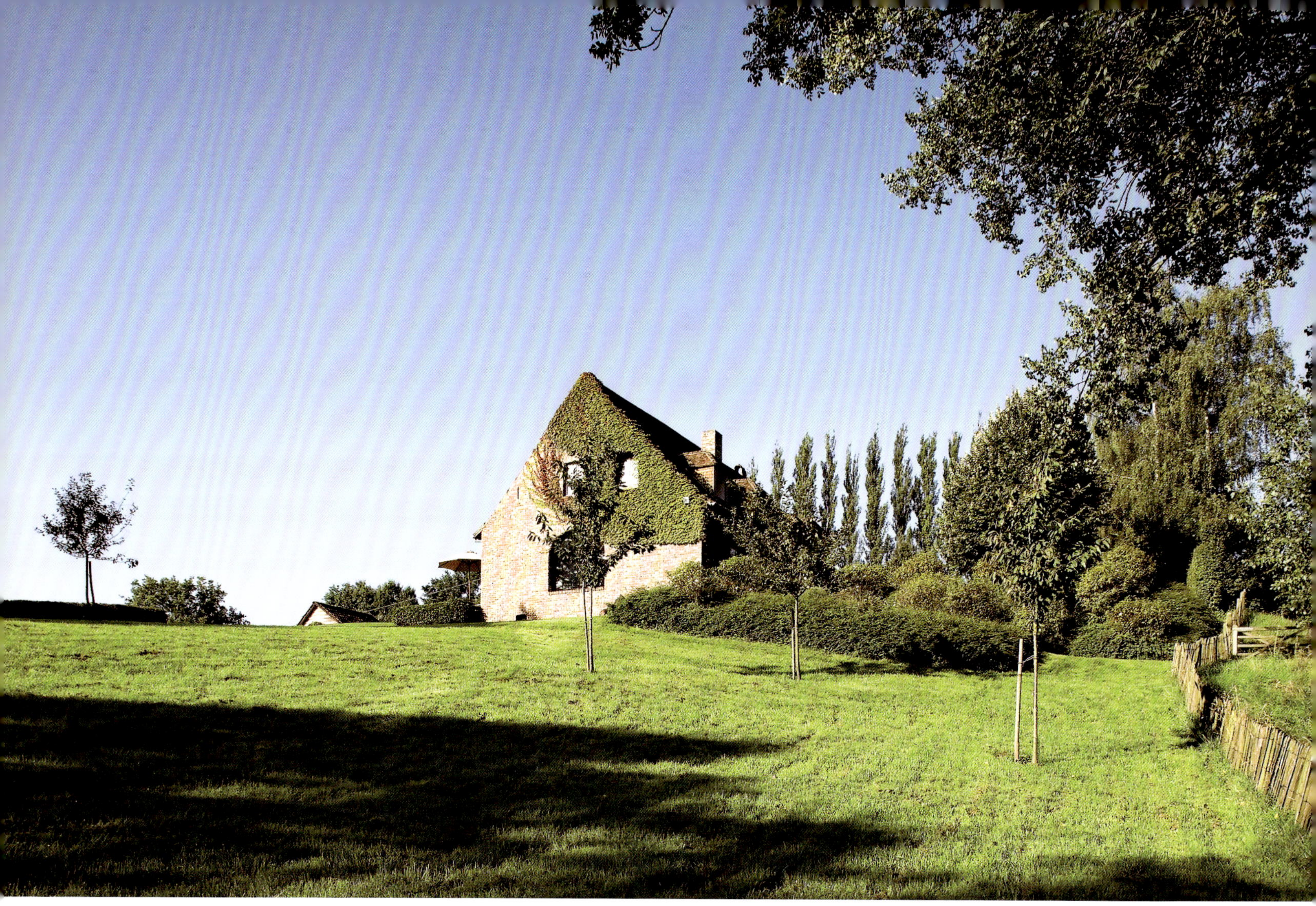

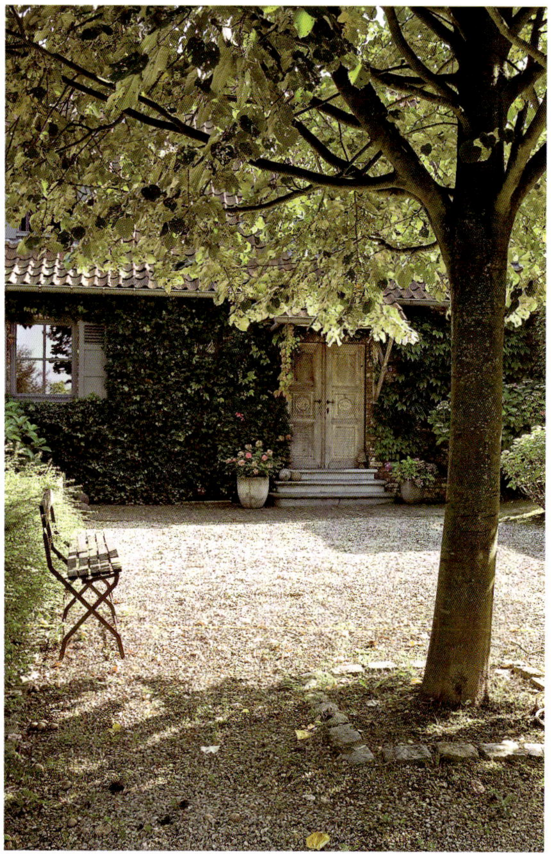

Der Anbau der Garage links des Hauptgebäudes wurde schon vor einigen Jahren von Heritage Buildings realisiert.

Kürzlich beauftragten die Hausbesitzer das Unternehmen mit einem weiteren Anbau für ein Esszimmer, weil das Haus für die Familie mit zwei Kindern allmählich zu klein geworden war.

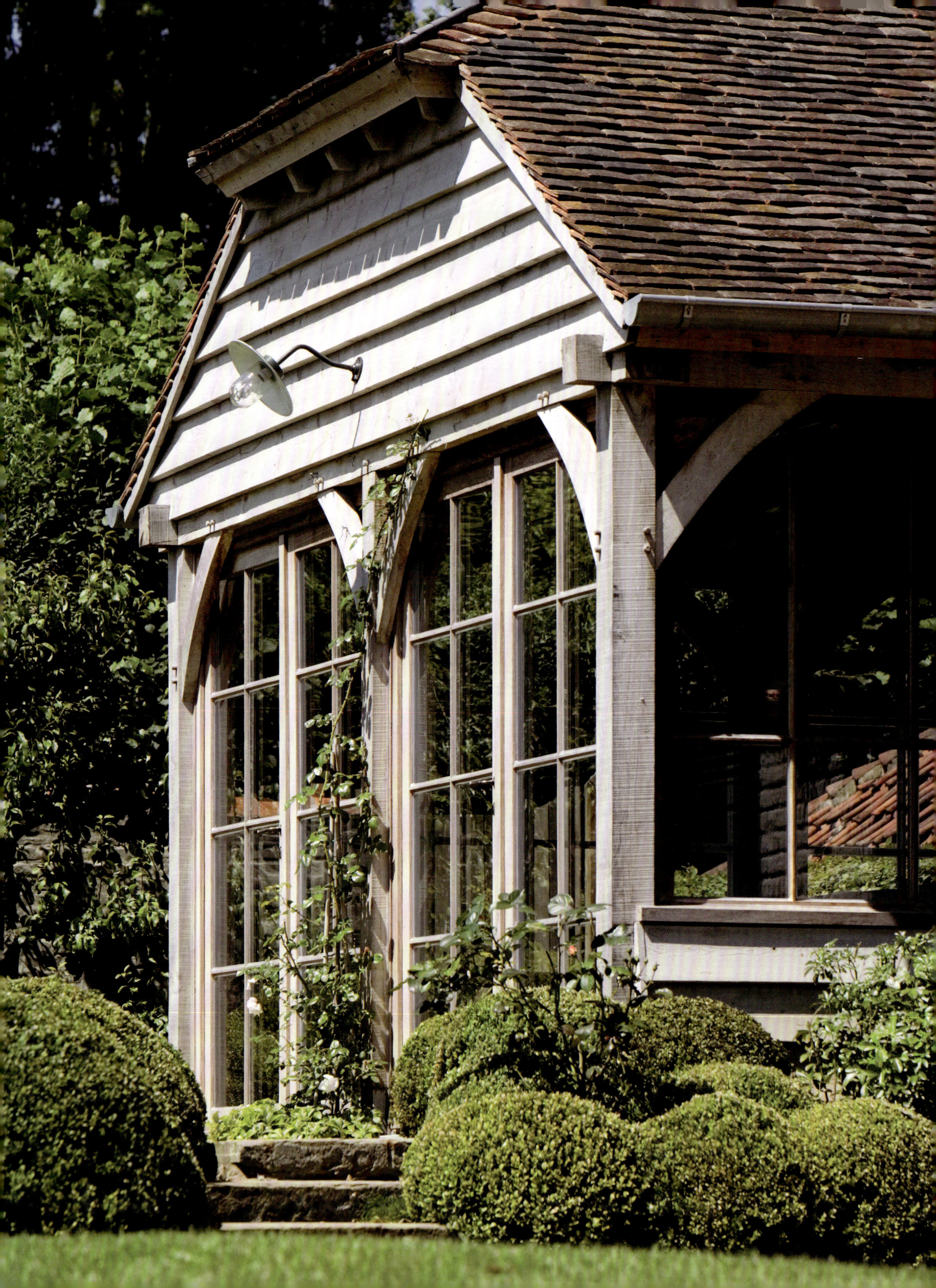

Der Anbau aus Eichenholz fügt sich organisch in den Garten ein. Sobald es die Außentemperaturen erlauben, werden die großen Türen weit geöffnet. Mit der Zeit hat das Holz auf der Außenfassade des Anbaus eine wunderschöne, silbergraue Patina angenommen.

Antike Dachpfannen unterstreichen den rustikalen Charakter des Hauses.

Ballmore ist der Name einer noch recht jungen Gartenbaufirma, die eine eigene Baumschule betreibt und auch Gestaltung und Bepflanzung von Gartenanlagen übernimmt, die sich perfekt in die Landschaft einfügen. Häufig greifen die Gartengestalter auf Pflanzen zurück, die bereits recht groß sind, wie diese Birnenbäume an der Gartenmauer oder die stattlichen Buchsbaumkugeln.

189

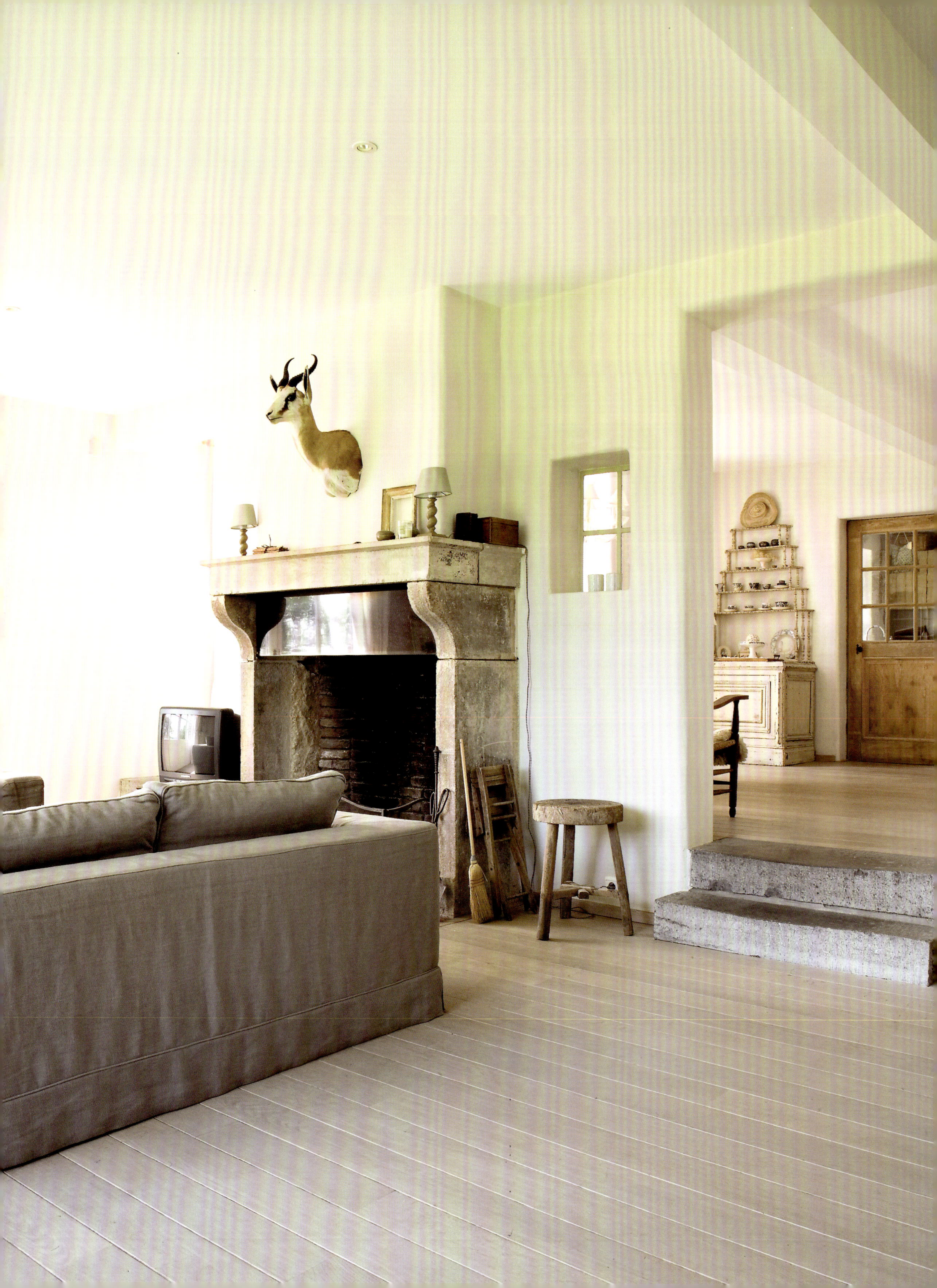

Durch das große Rundbogenfenster hat man einen hinreißenden Ausblick auf die weite Landschaft.

191

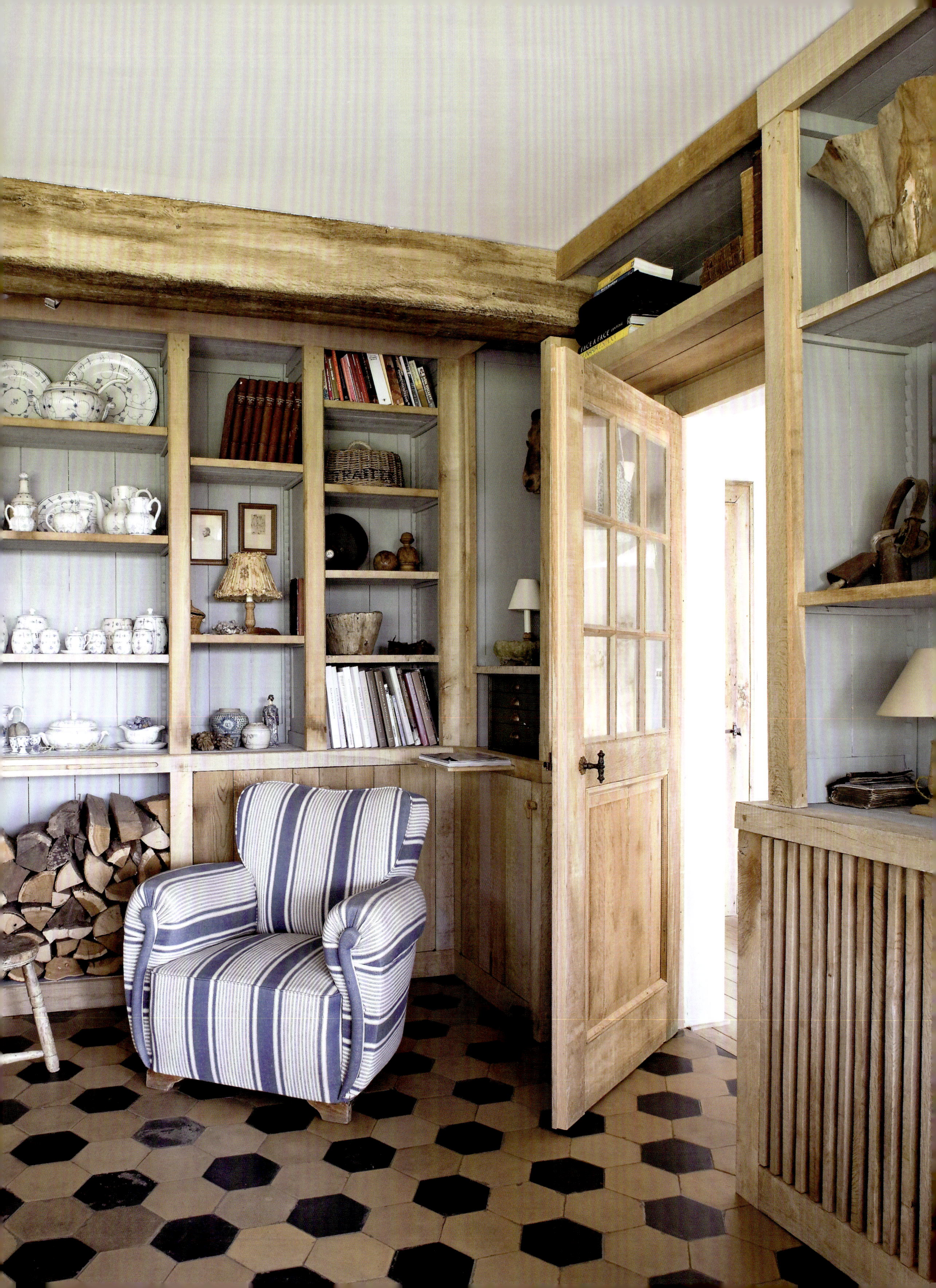

Die Küche war ursprünglich recht klein. Durch den Anbau wurde daraus eine geräumige, behagliche Wohnküche mit Essplatz. Die Einbauten aus Eiche wurden mit traditioneller Zinkung ganz ohne Nägel und Schrauben gefertigt. Der Anbau mit dem offenen Sichtbalkenwerk des Dachstuhls ist dem alten Bauteil harmonisch angepasst.

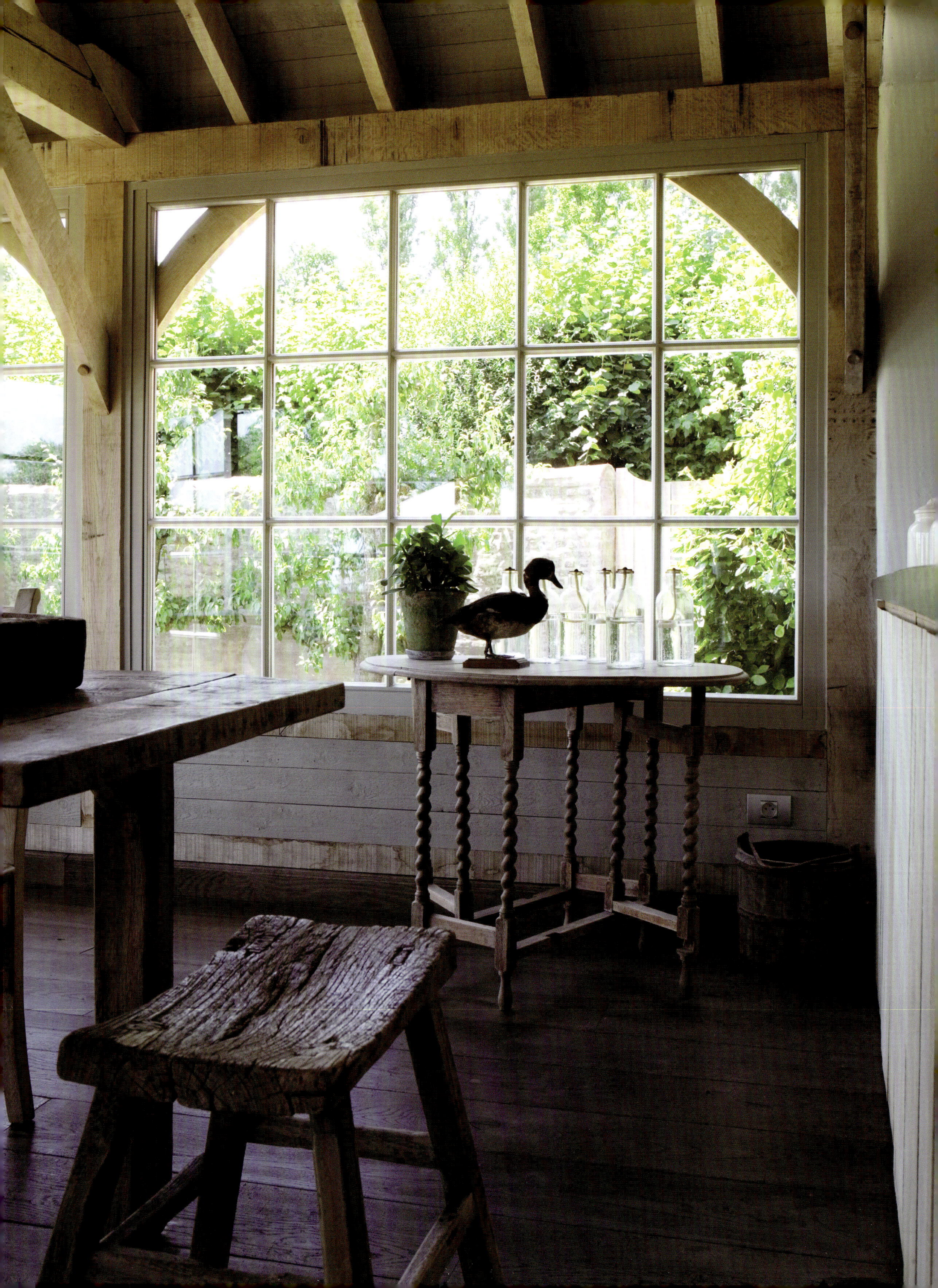

Durch die großen Sprossenfenster hat man einen wunderbaren Panorama-Ausblick auf den Garten.

Alle Rohre und Kabel sind diskret hinter der Innenwand-Vertäfelung verborgen.

S. 194

Schräge Eichenstreben vor den Fenstern korrespondieren mit dem Dachgebälk im Inneren.

195

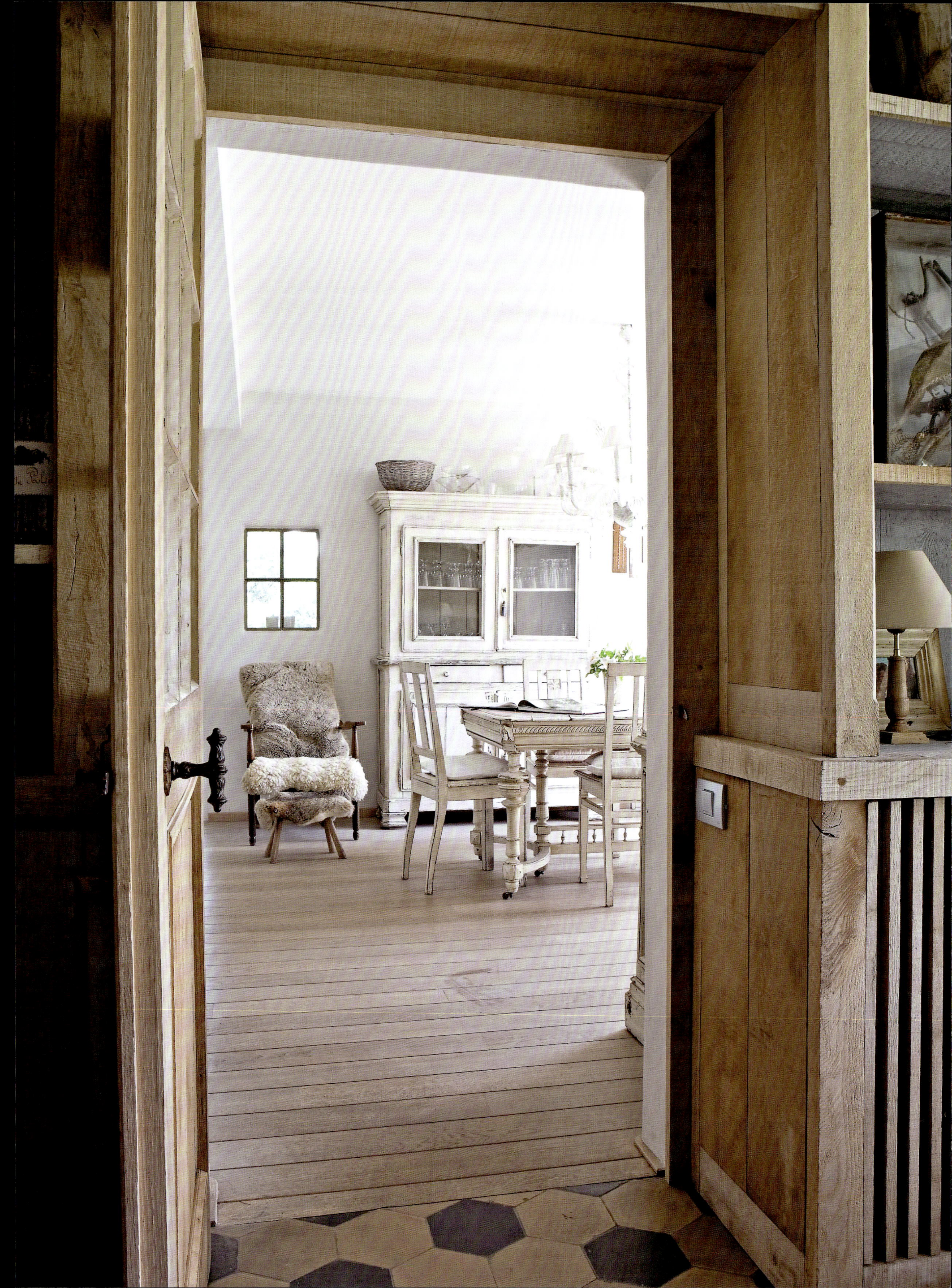

Überall im Haus wurde Eichenholz verarbeitet. Die Parkettböden gehen beinahe nahtlos in die Eichen-Einbauten in Küche und Essbereich über.

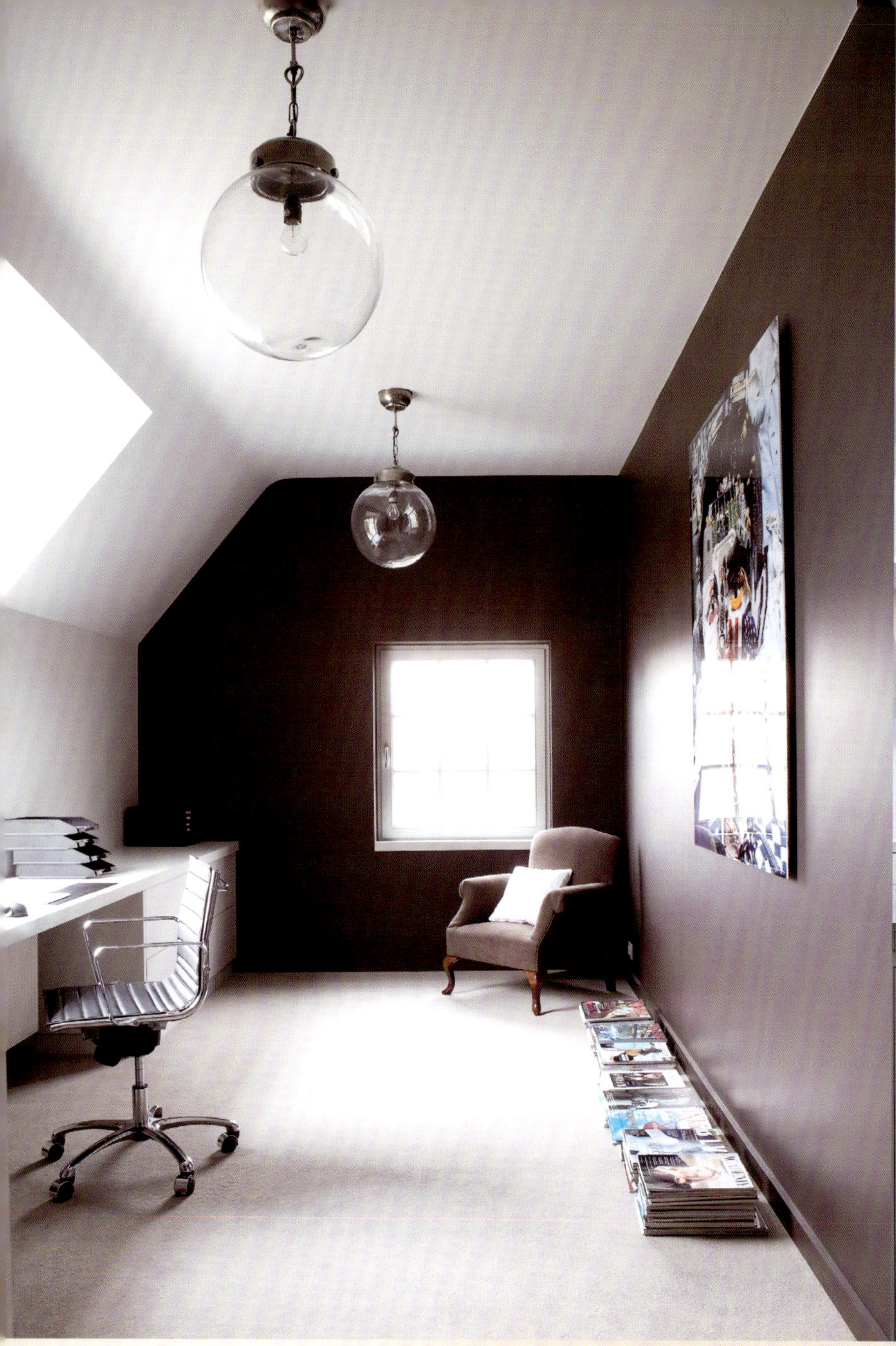
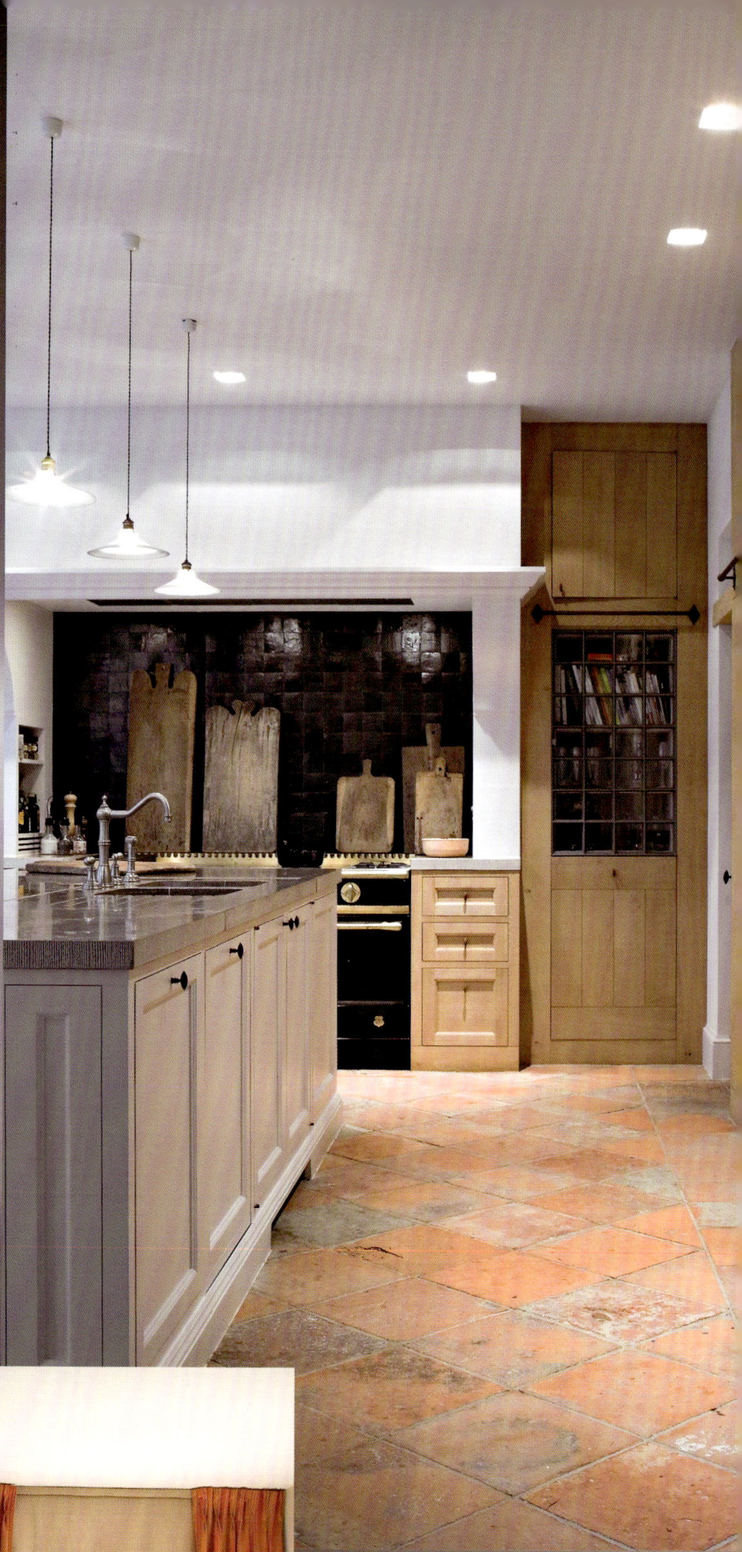
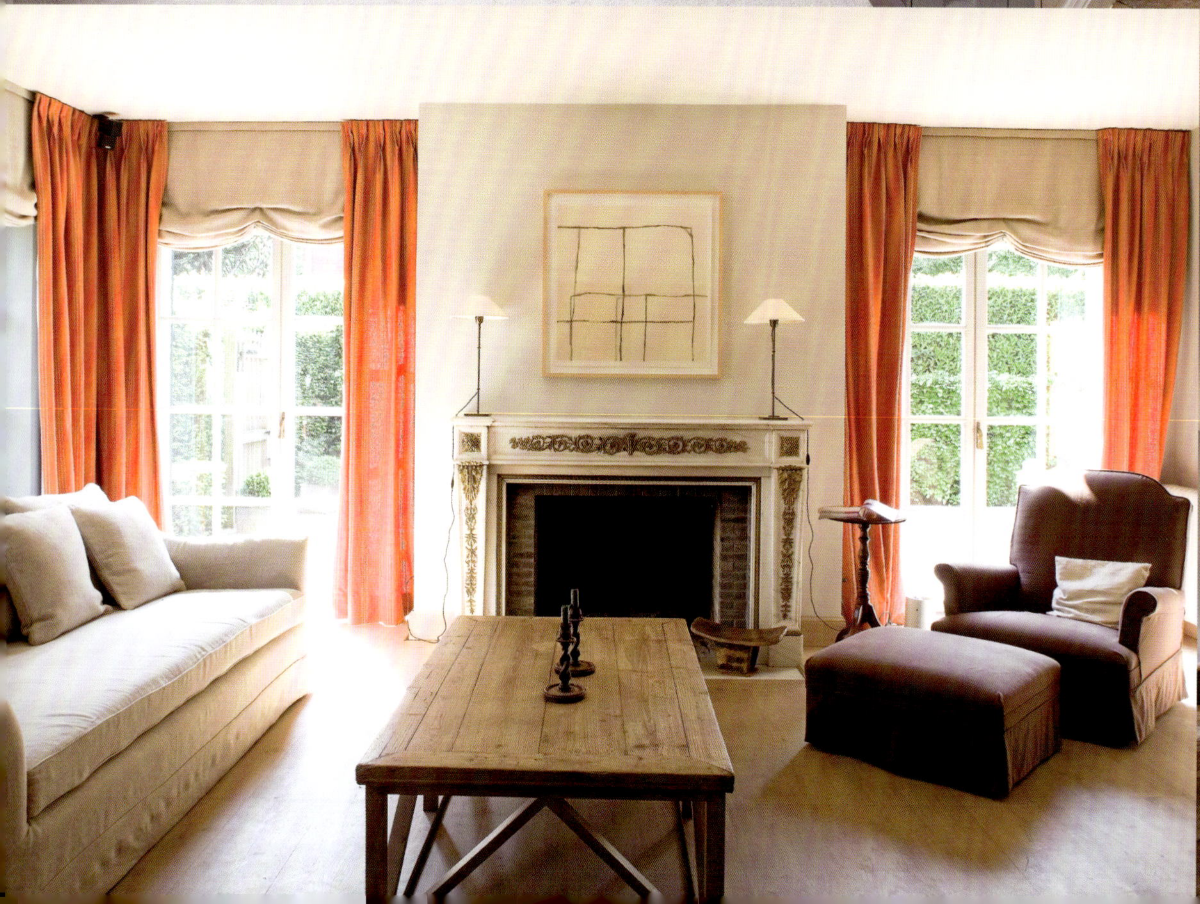
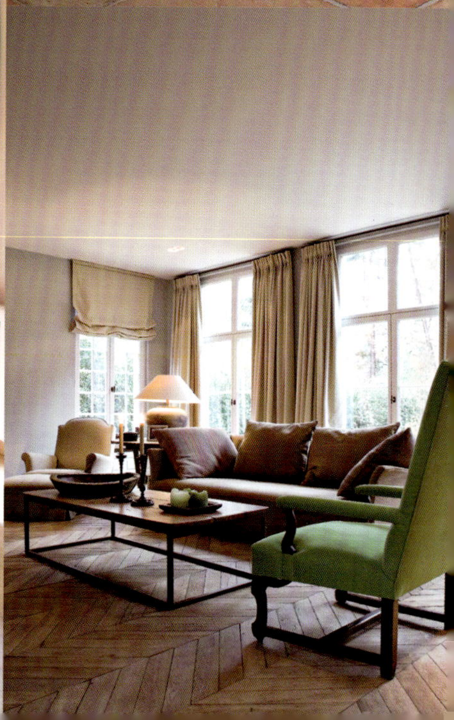

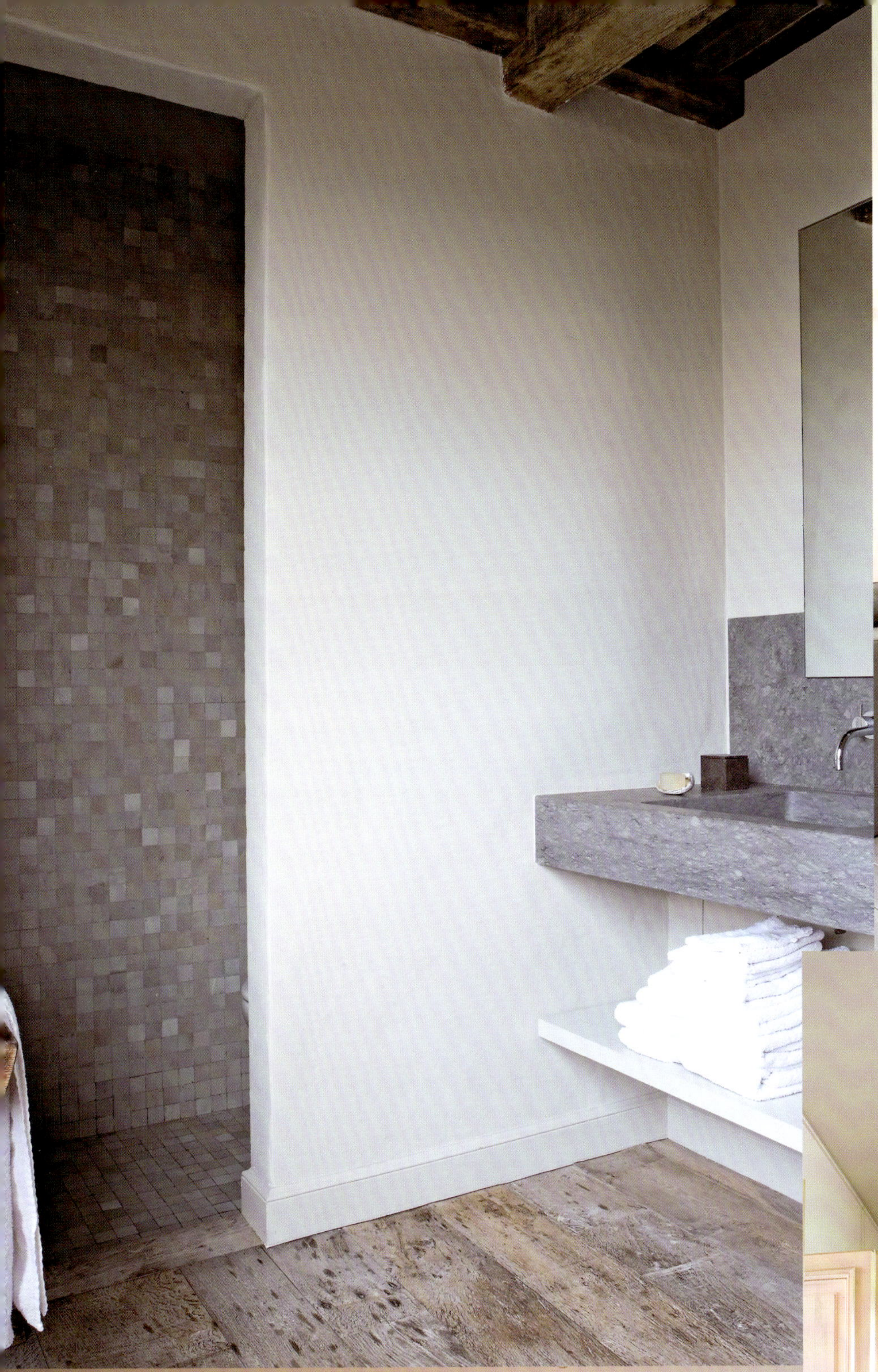
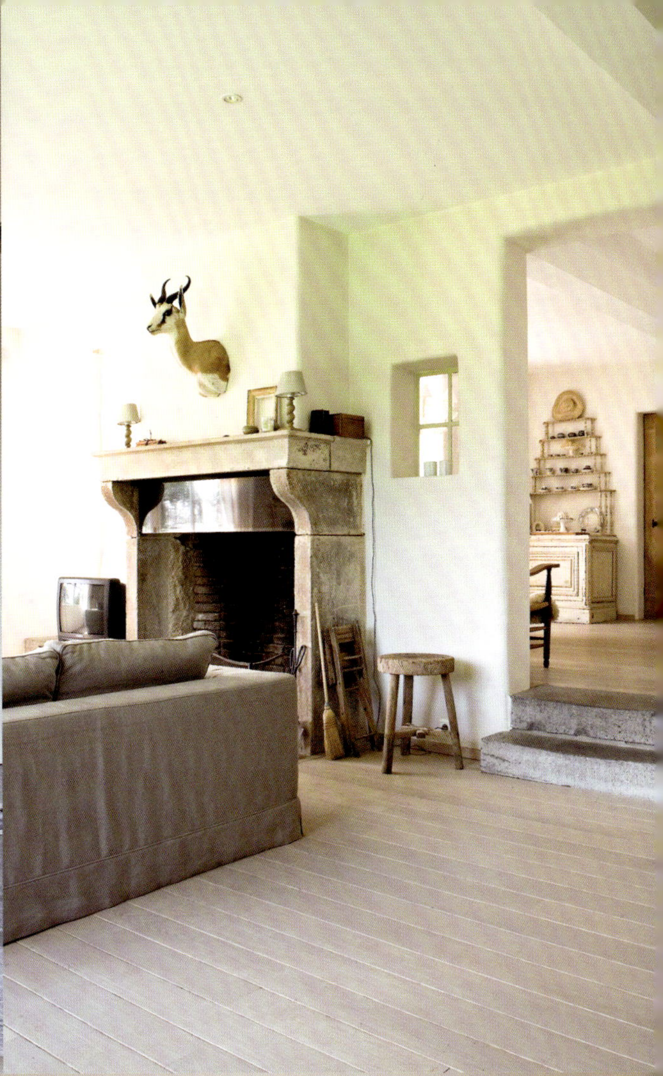
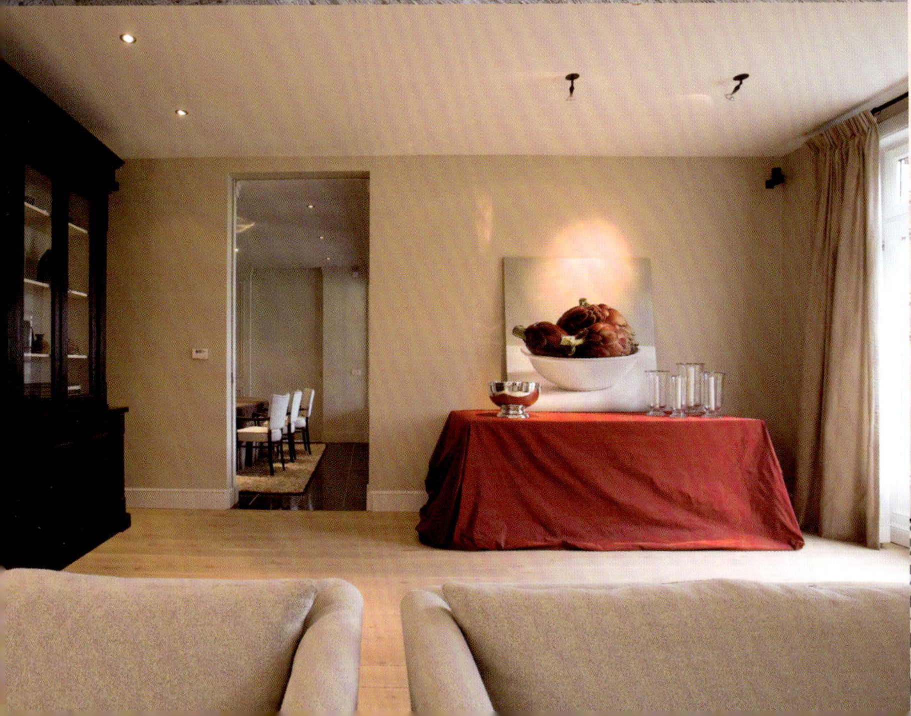
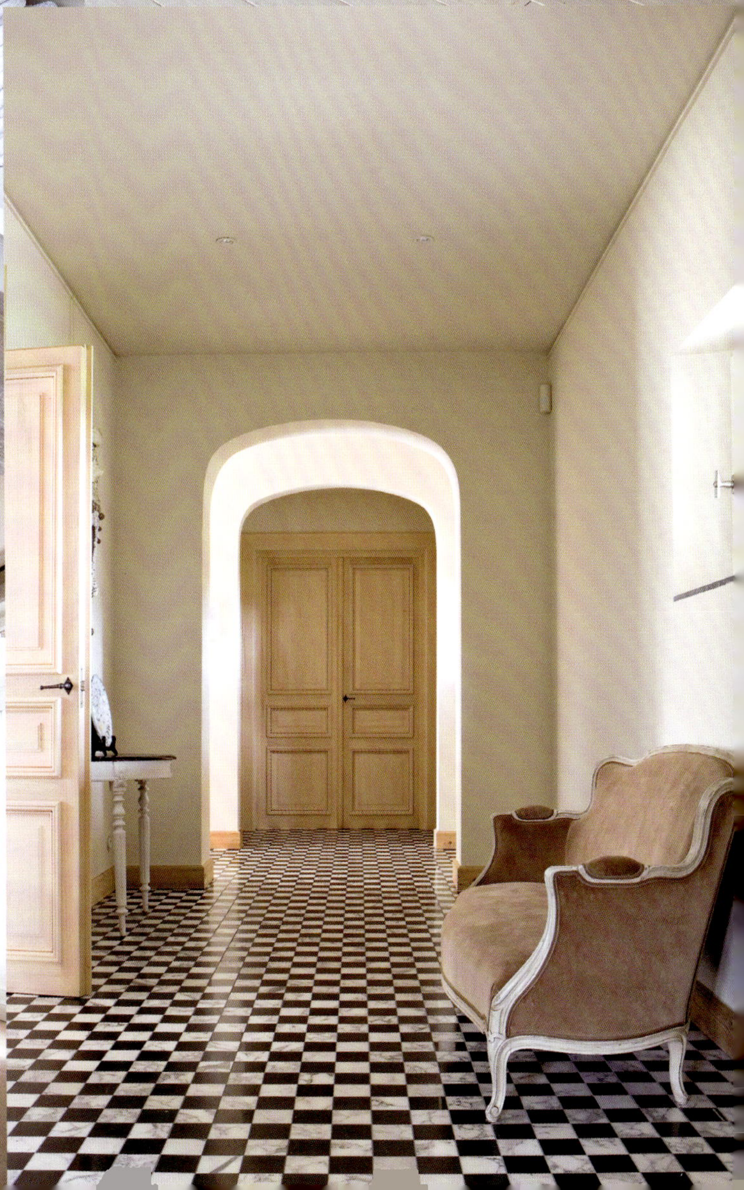

ADRESSEN

b+ villas
Nieuwlandlaan 19
B – 3200 Aarschot
T +32 (0)16 56 79 31
F +32 (0)16 56 20 38
www.bplusvillas.be
info@bplusvillas.be
S. 120–133

b+ interiors
Nieuwlandlaan 19
B – 3200 Aarschot
T +32 (0)16 55 35 60
www.bplusinteriors.be
info@bplusinteriors.be
S. 120–133

HERITAGE BUILDINGS sa
Ambiorixlei 8b
B – 2900 Schoten
T +32 (0)3 685 20 00
F +32 (0)3 685 23 73
www.heritagebuildings.be
info@heritagebuildings.be
S. 182–197

BALLMORE
Melkouwensteenweg 139
B – 2590 Berlaar
MOB +32 (0)477 66 34 84
T/F +32 (0)15 25 36 70
info@ballmore.com
S. 182–197

ANNICK COLLE
Reinaertdreef 8
B – 9830 Sint-Martens-Latem
T +32 (0)9 282 66 41
F +32 (0)9 281 18 57
S. 136–143

COSTERMANS VILLA-PROJECTEN sa
Dwarsdreef 52
B – 2970 Schilde
T +32 (0)3 385 02 44
F +32 (0)3 384 29 66
www.costermans-projecten.be
info@costermans-projecten.be
S. 160–175

COUSAERT – VAN DER DONCKT
Stationsstraat 160
B – 9690 Kluisbergen
T +32 (0)55 38 70 53
F +32 (0)55 38 60 39
www.cousaert-vanderdonckt.be
www.keuken-cuisine.be
info@cousaert-vanderdonckt.be
S. 176–181

BERNARD DE CLERCK
Architects sprl
Aarselestraat 26
B – 8700 Aarsele
T +32 (0)51 63 61 39
F +32 (0)51 63 52 15
info@bernarddeclerck.be
S. 80–95

DEJAEGERE sprl
Virginie & Odile Dejaegere
Grote Markt 7
B – 8500 Kortrijk
T +32 (0)56 22 87 81
F +32 (0)56 20 49 93
MOB +32 (0)475 79 13 78
info@dejaegere-interiors.be
dejaegere_interiors@hotmail.com
Nur nach Terminvereinbarung
S. 96–107

DEMYTTENAERE H-C sprl
Koningslaan 160
B – 8300 Knokke-Heist
T +32 (0)50 62 37 79
F +32 (0)50 62 37 80
www.myth.be
hcd@myth.be
S. 68–79

BENEDIKTE LECOT
MOB +32 (0)495 29 28 39
F +32 (0)51 32 07 28
www.b-lecot.be
interiors@b-lecot.be
S. 144–159

SAND'S COMPANY
T +32 (0)50 62 68 08
F +32 (0)50 62 37 80
S. 68–79

TRADIPLAN
Lodderstraat 14
B – 2880 Bornem
T +32 (0)3 889 15 75
F +32 (0)3 889 26 66
www.tradiplan.be
info@tradiplan.be
S. 108–119

VLASSAK-VERHULST sa
Moerstraat 53
B – 2970 's-Gravenwezel
T +32 (0)3 658 07 00
F +32 (0)3 658 46 45
www.vlassakverhulst.be
info@vlassakverhulst.be
S. 16–35 & 36–49

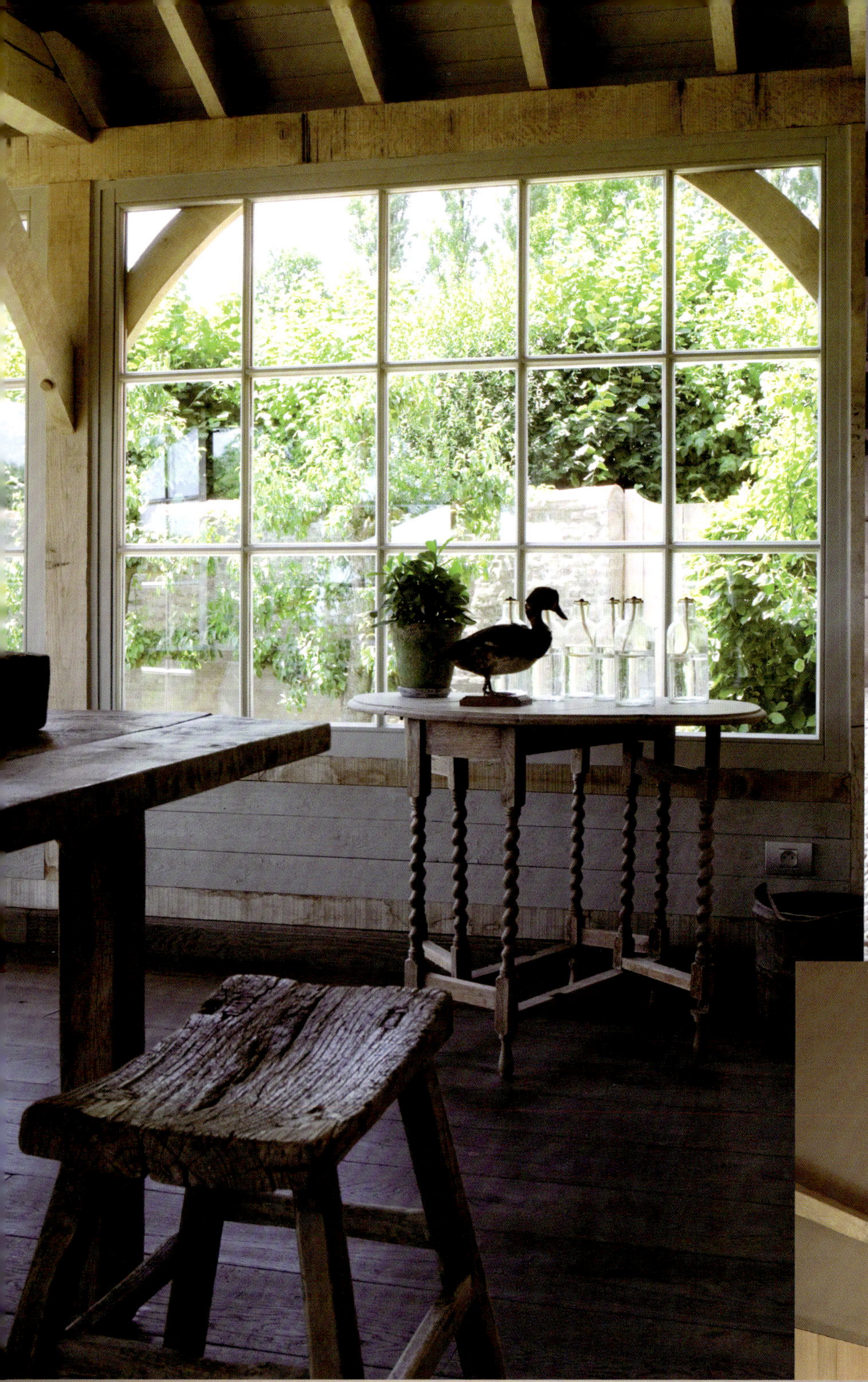
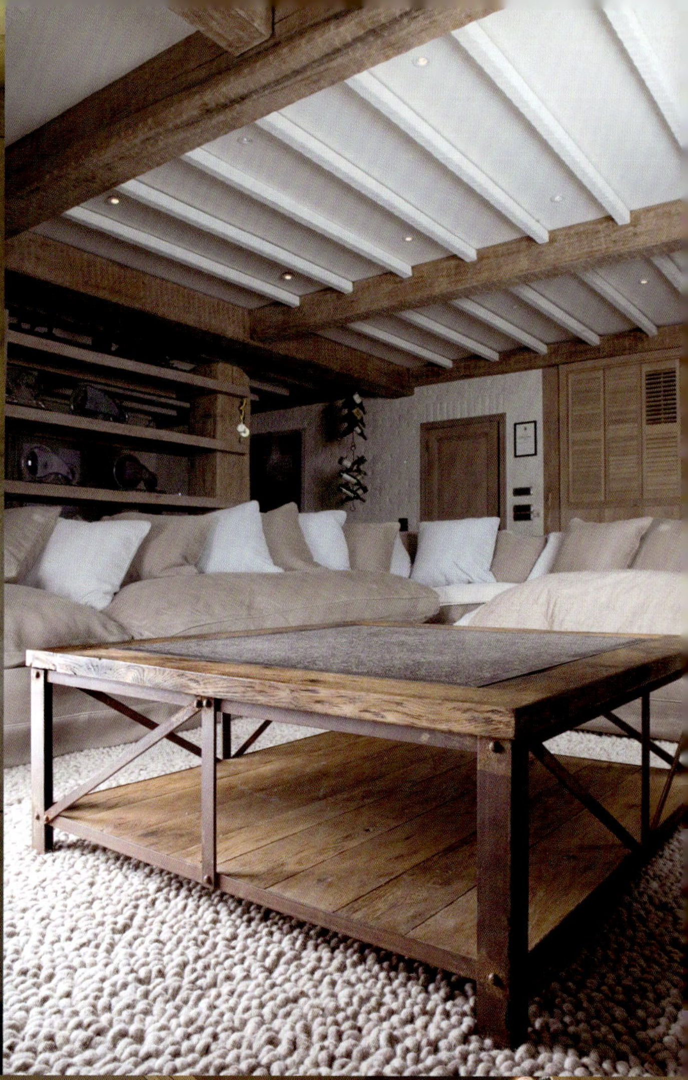
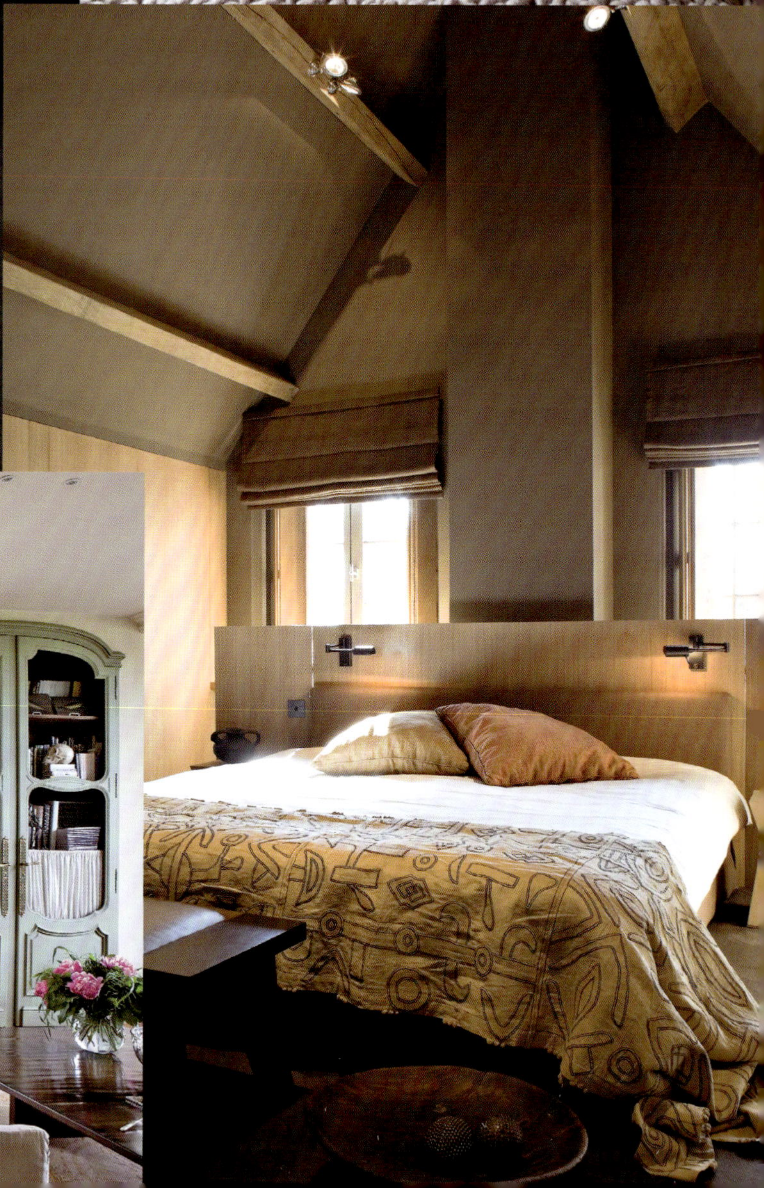
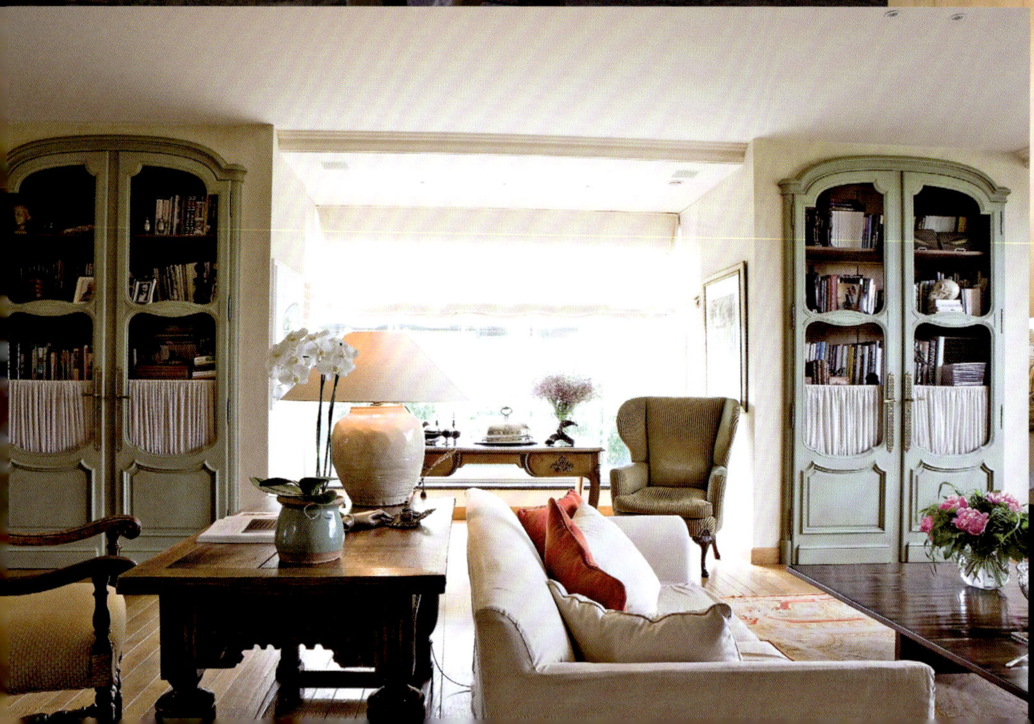

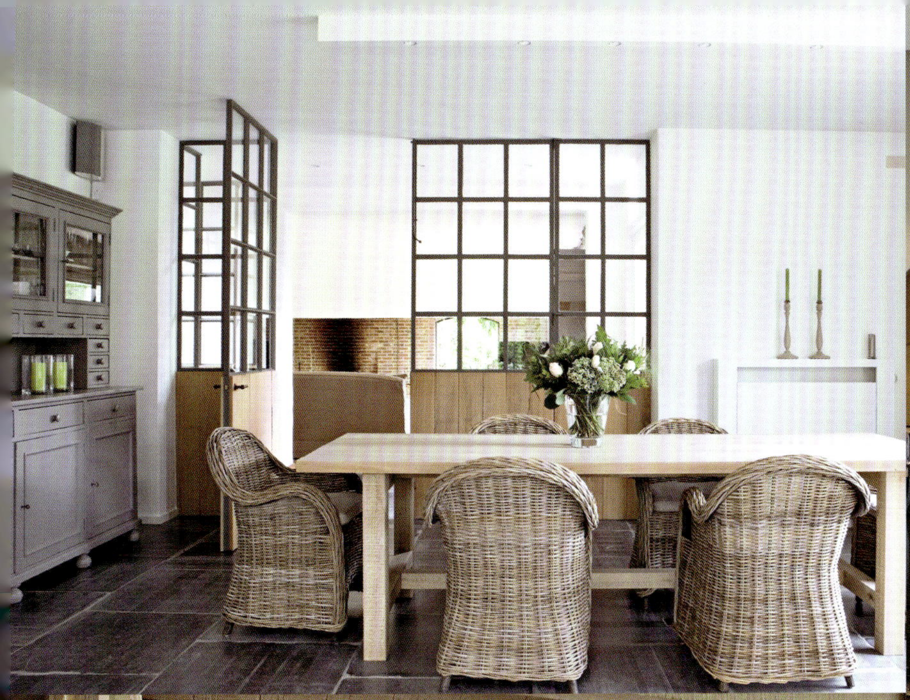
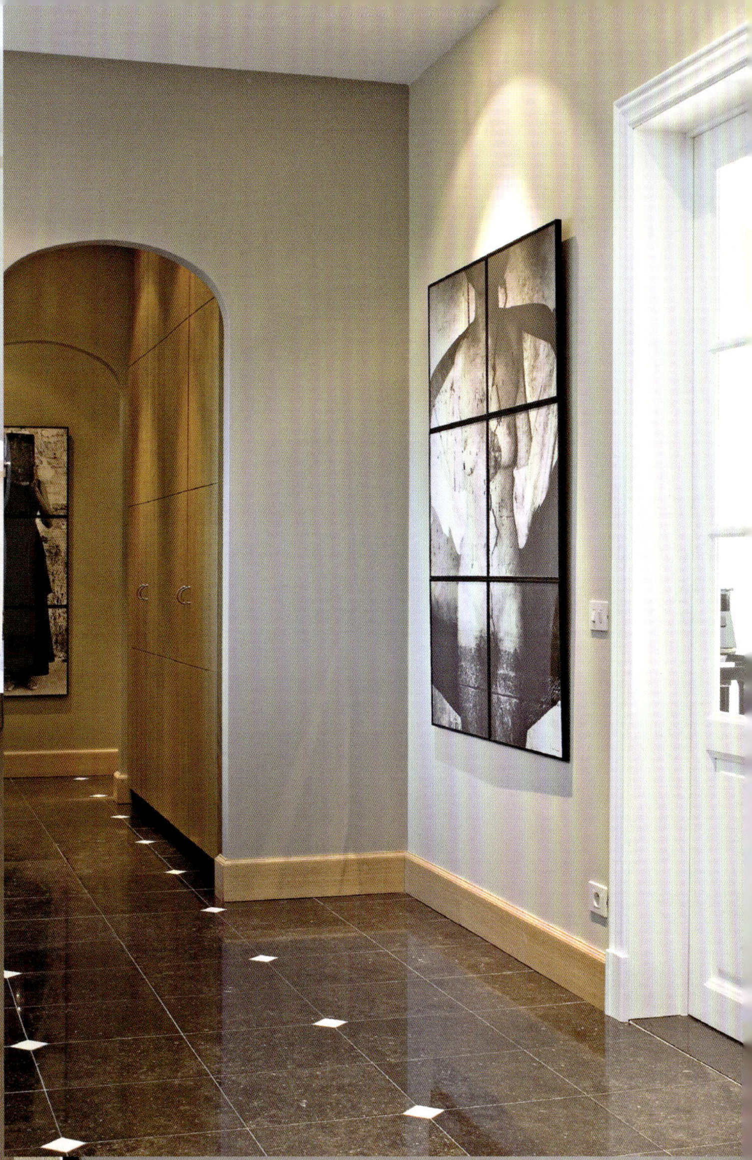
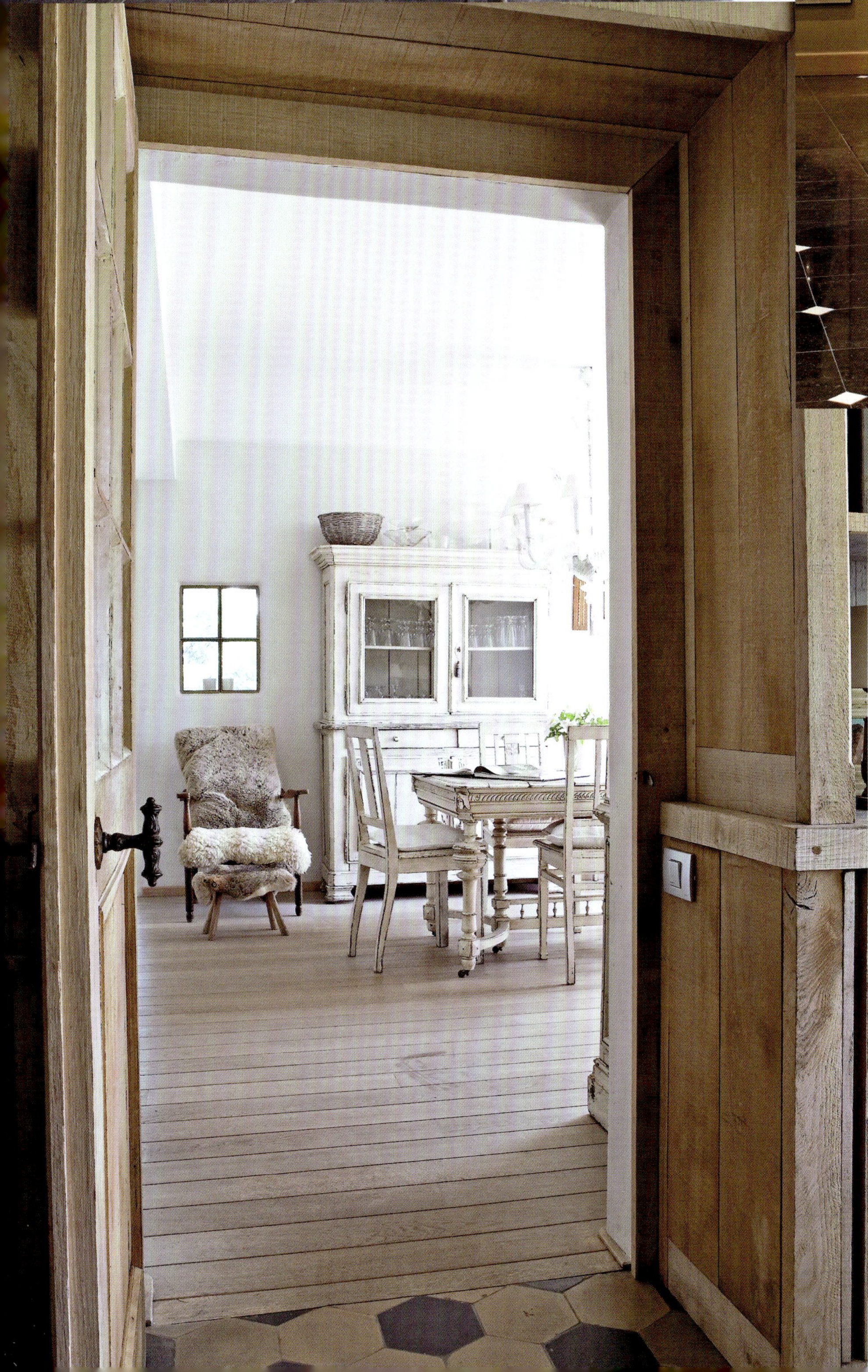
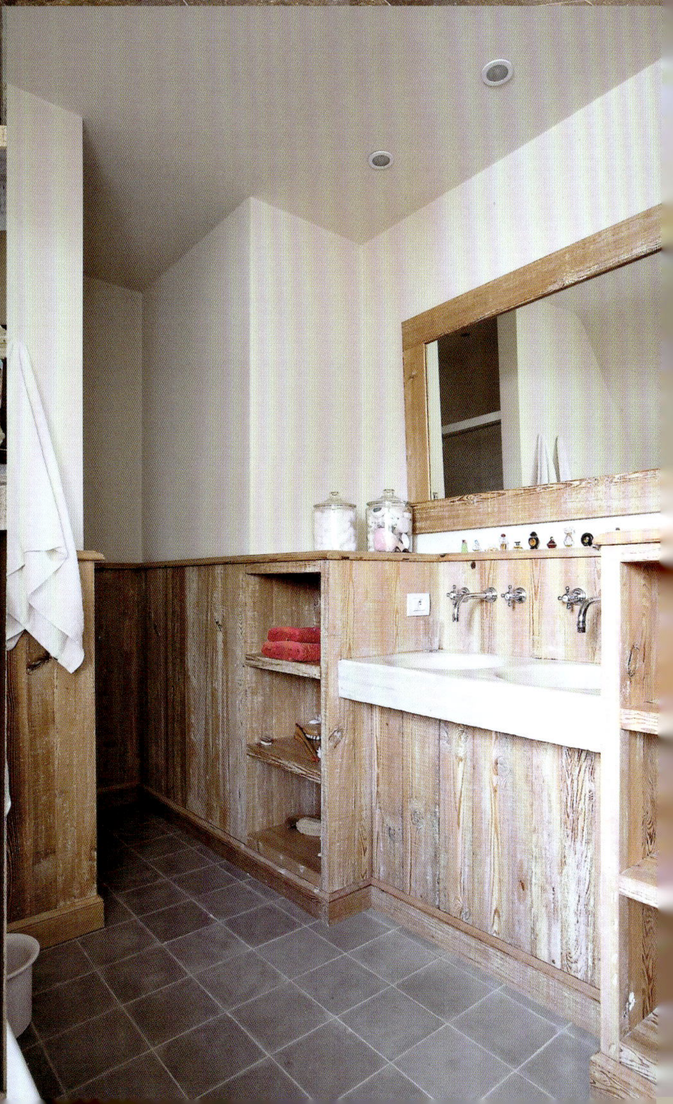

IMPRESSUM

Die Originalausgabe von MODERNES LANDHAUS erschien
erstmals in Englisch, Niederländisch und Französisch bei

BETA-PLUS Publishing
Termuninck 3
B-7850 Enghien/Belgien
www.betaplus.com
© all rights reserved

Alle Fotos Jo Pauwels
außer Seite 36–37: Jan Verlinde (teilweise auch Seiten 182–197),
Seiten 144, 154–155, 157 oben und 159: Claude Smekens,
Seiten 176–181: Moniek Peers

Graphic design
POLYDEM
Nathalie Binart

RECHTE DER DEUTSCHEN AUSGABE
© 2010 Christophorus Verlag GmbH & Co. KG, Freiburg
Alle Rechte vorbehalten.

Übersetzung: Wiebke Krabbe
Umschlag: GrafikwerkFreiburg

Sämtliche Modelle, Illustrationen und Fotos sind urheberrechtlich
geschützt. Jede gewerbliche Nutzung ist untersagt. Dies gilt auch
für eine Vervielfältigung bzw. Verbreitung über elektronische Medien.

Der Verlag hat die größtmögliche Sorgfalt walten lassen um sicher-
zustellen, dass alle Angaben und Anleitungen korrekt sind, kann
jedoch im Falle unrichtiger Angaben keinerlei Haftung für eventu-
elle Folgen, direkte oder indirekte, übernehmen. Die gezeigten
Materialien sind zeitlich unverbindlich. Der Verlag übernimmt für
Verfügbarkeit und Lieferbarkeit keine Gewähr und keine Haftung.

ISBN 978-3-8388-3142-8
Art.-Nr. CV3142

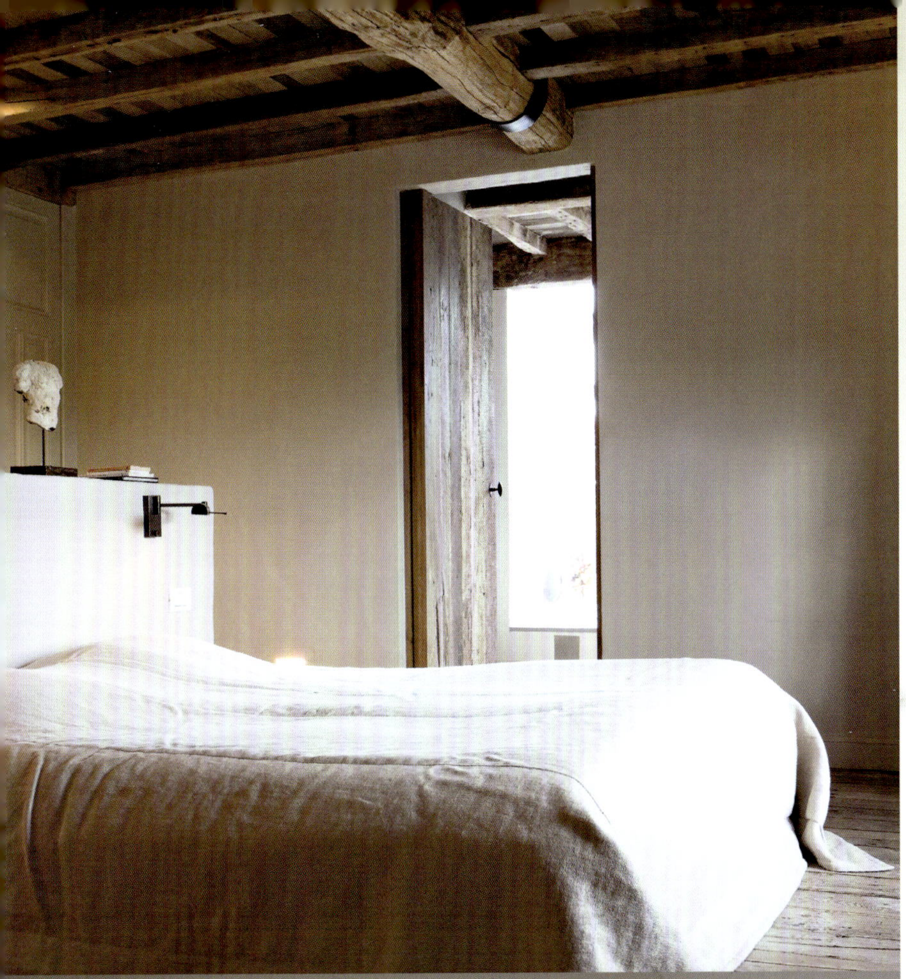
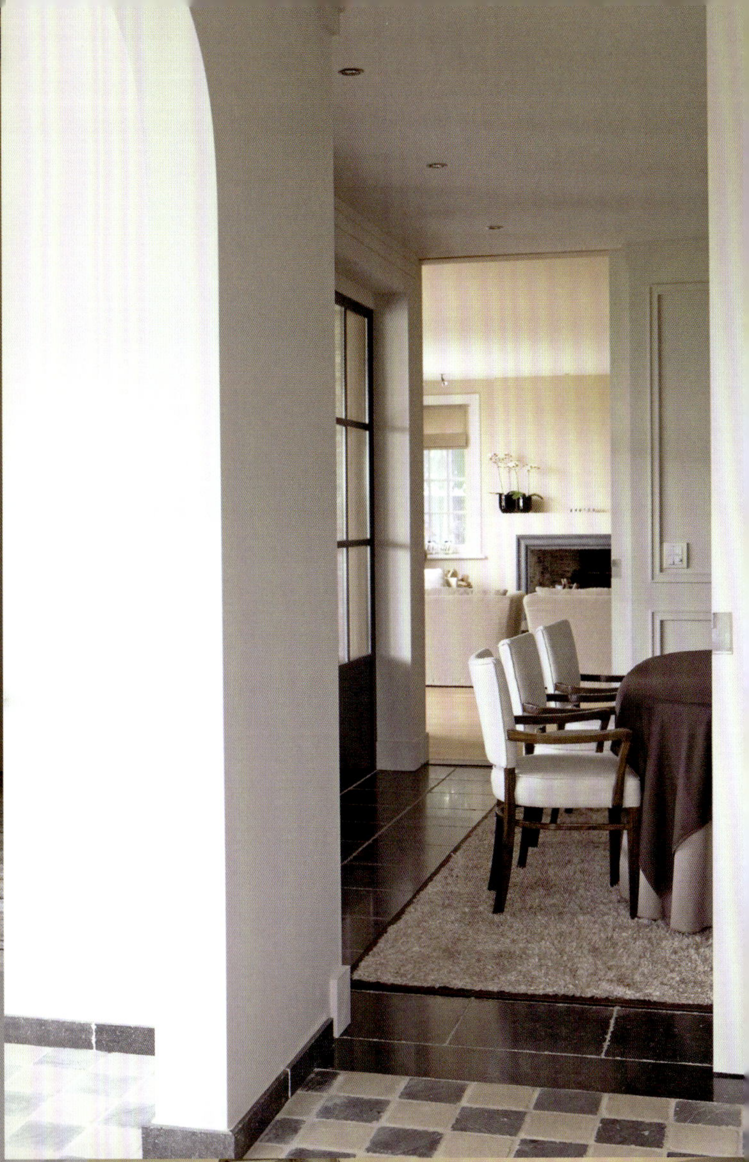
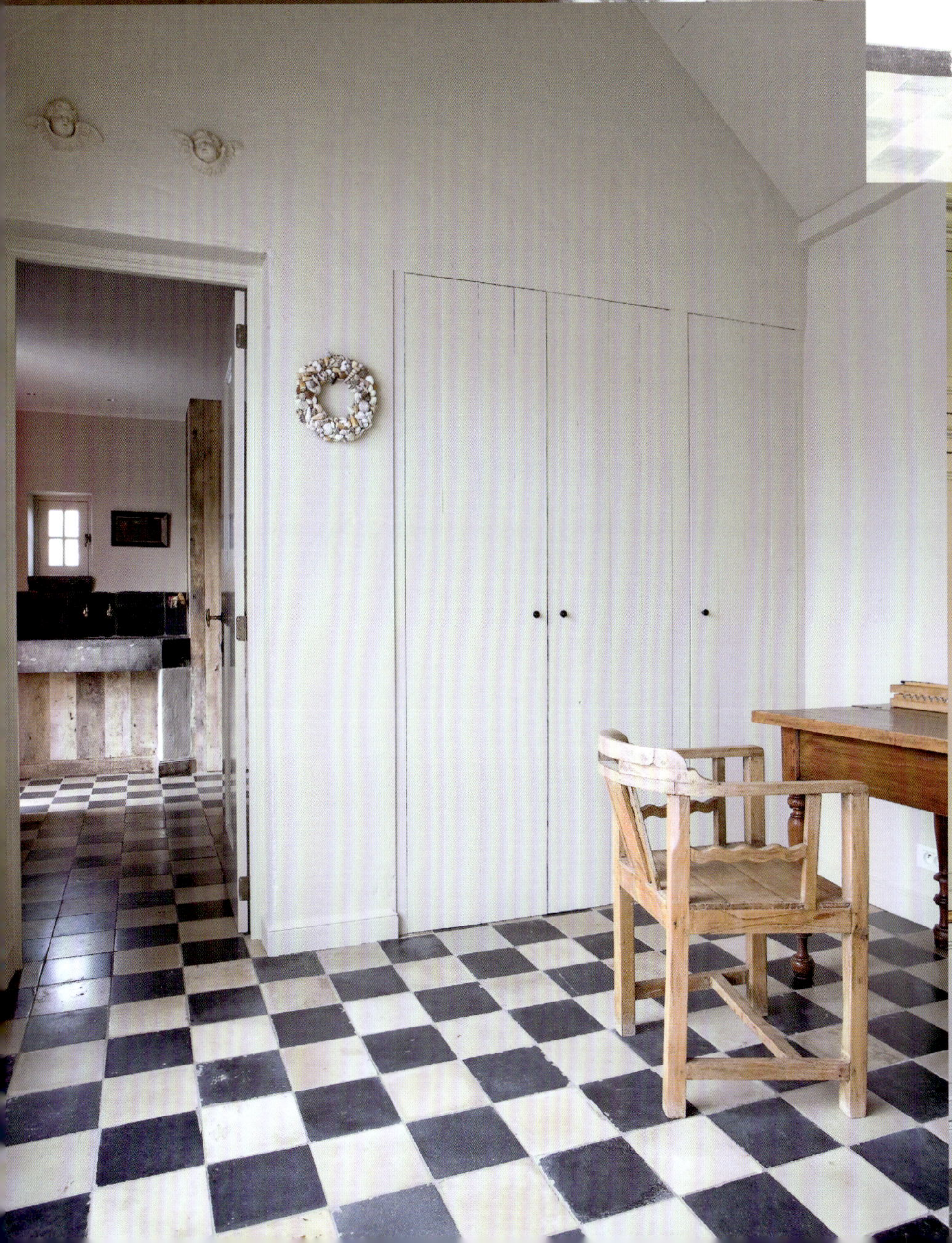
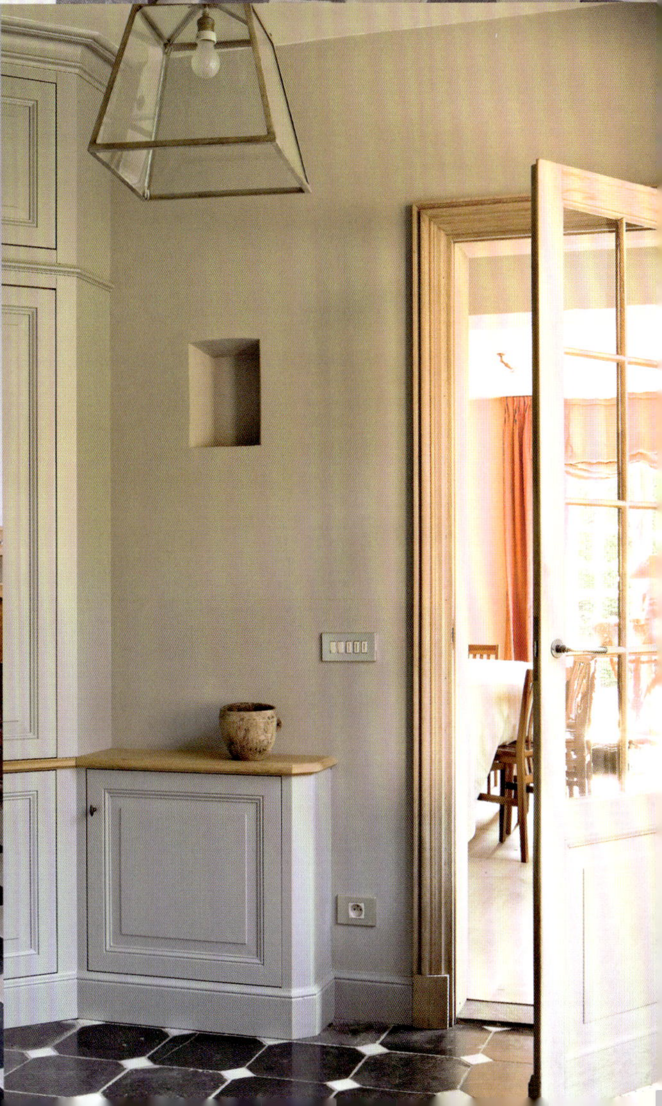

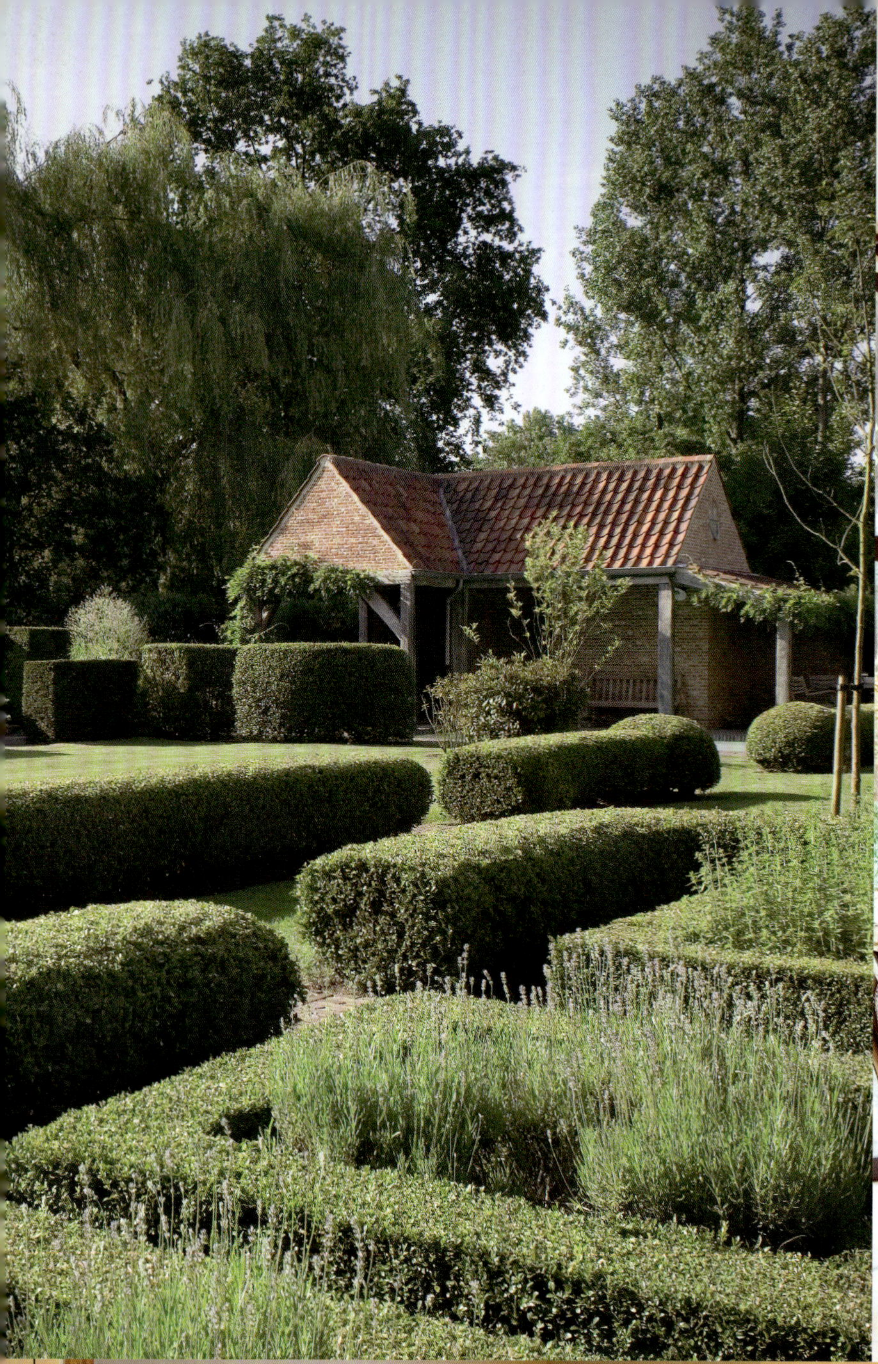
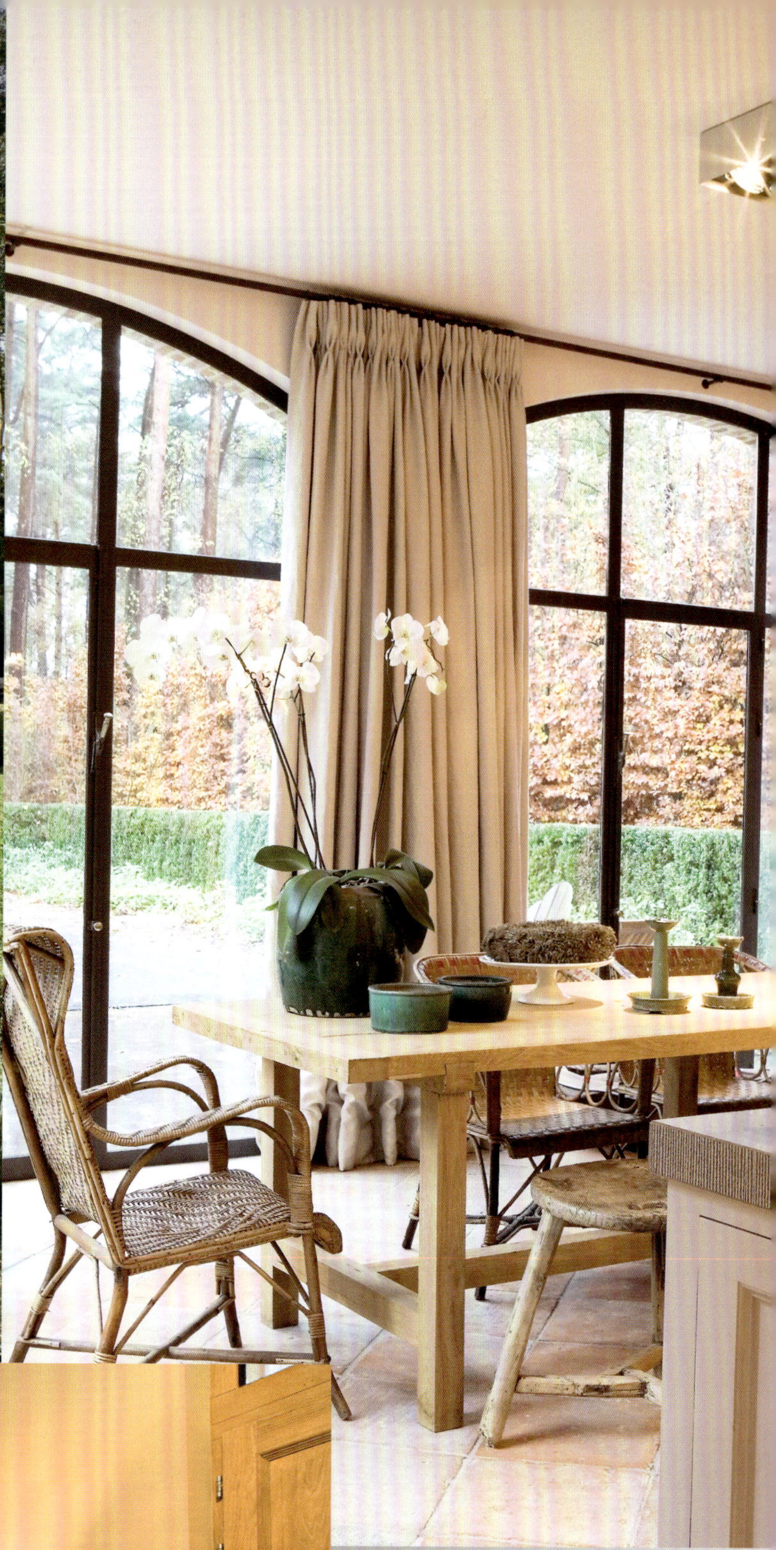
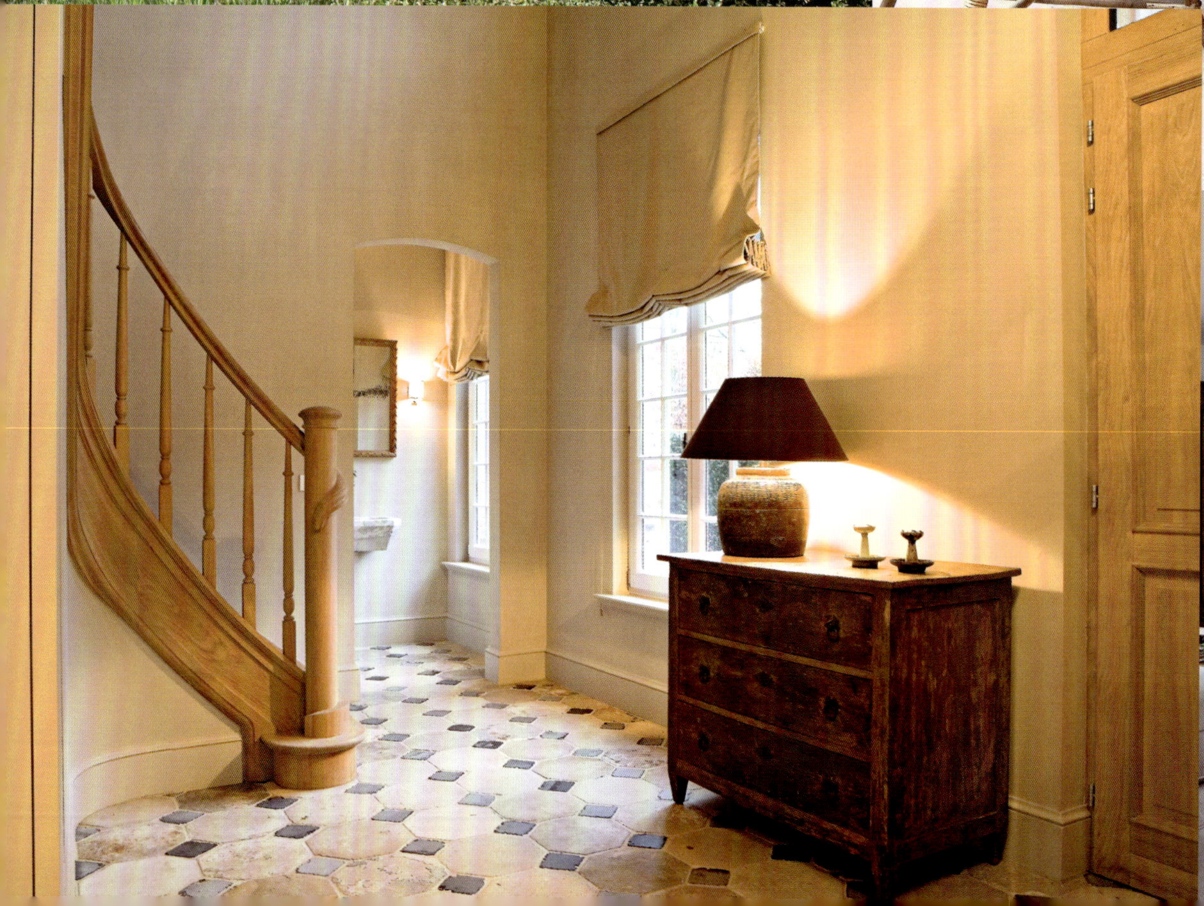
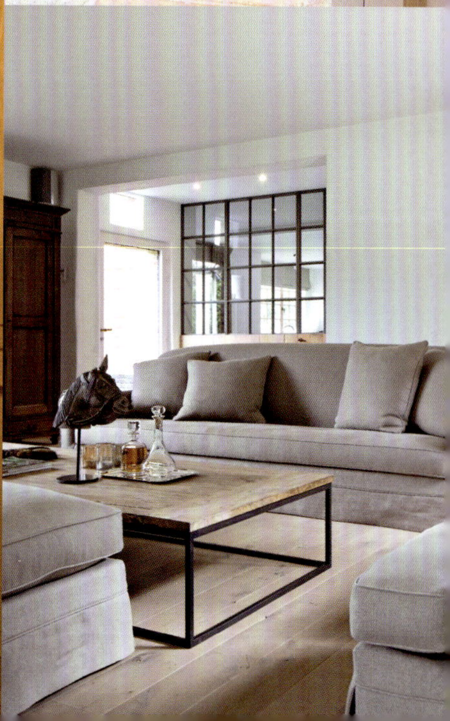